Annelies Ismail

Mein Vater ist Ägypter

Die neue Generation erzählt

Lektorat: Daniela Oehler und Anja Abdelkader

Umschlaggestaltung: Helga Mehl

ISBN-13: 978-1541211377
ISBN-10: 1541211375

Widmung

Dieses Buch ist allen Nachkommen aus binationalen Familien gewidmet. Ganz besonders aber den Mitwirkenden, die mir so freimütig ihre Geschichten erzählten. Ohne sie wäre dieses Buch nicht möglich gewesen! Ich bedanke mich bei allen für Ihre Geduld und Mühe, die Bereitschaft auch nach der xten Version noch sorgfältig zu lesen und Anmerkungen zu machen. Es war keine einfache Arbeit, aber ich glaube es ist uns gemeinsam gelungen, die wichtigsten Details aus diesen Geschichten deutlich zu machen.

Außerdem danke ich auch meinem Mann, der mir wie immer moralische Unterstützung gegeben hat. Ohne ihn hätte ich nie ein einziges Buch geschrieben!

Vorwort

Eigentlich wollte ich dieses Buch schon lange schreiben. Nachdem ich 2008 mein erstes Buch „Mein Mann ist Ägypter“ veröffentlicht hatte, bekam ich viele Anfragen nach einer Fortsetzung. Was ist denn aus den Kindern dieser binationalen Ehen geworden? Wie sind sie mit dieser Familiengeschichte aufgewachsen und zurecht gekommen? Nachdem die Mütter mit ihrem ägyptischen Ehemann gelebt haben, ist es ja bei den Kindern aus diesen Verbindungen noch mal ganz anders: sie tragen beide Seiten in sich.

Ich hatte mir vorgestellt, dass ich die Kinder aus diesen Familien befragen könnte. Leider waren sie fast alle nicht dazu bereit ihre eigene Geschichte zu erzählen.

2015 war ich dann oft in Facebook in einigen Ägypten Gruppen und wurde direkt gefragt: warum schreibst du nicht eine Fortsetzung? Und siehe da, es gab Einige, die selbst aus solch einer „gemischten“ Verbindung stammen. Nachdem ich eine Anfrage eingestellt hatte bekam ich schnell viele Zuschriften, allerdings fast nur von Töchtern. Die Söhne hielten sich sehr bedeckt. Ob das an der fehlenden Bereitschaft zur Kommunikation liegt? Leider ist das wohl so, denn ich hätte schon vorher gern ein Buch heraus gebracht aus der Sicht der Männer.

Zwei Söhne aus solchen Verbindungen haben sich dann doch bereit erklärt mitzuwirken und ich bin ihnen sehr dankbar.

Meine Vorgehensweise bei diesem Buch war ähnlich wie auch schon bei meinem ersten Buch: Ich hatte einen Fragebogen, auf dem ich alles aufgelistet hatte, was mir in diesem Zusammenhang wichtig erscheint. Das führt natürlich bei manchen zu einer einfachen Art und Weise nur kurze Antworten zugeben. Ich musste dann oft nachfragen, telefonieren und irgendwie habe ich dann versucht daraus eine interessante Geschichte zu machen. Erfunden habe ich nichts!

Manche der Teilnehmer haben jedoch selbst sehr eloquent ihre Geschichte aufgeschrieben und das habe ich natürlich dann so übernommen. Ein Kommentar war von mehreren: Es tut gut, sich das einmal alles von der Seele zu schreiben! Was mich traurig macht ist die Tatsache, dass fast alle mit Vorurteilen und Diskriminierung zu kämpfen haben. Ich finde das eigentlich ganz schlimm, es ist sogar schlimmer als zu meiner Zeit in den 60 er Jahren. In Deutschland ist es nicht weit her mir der Toleranz, das merken wir ja alle zur Zeit.

Die Namen habe ich bei einigen ganz weggelassen (auf Wunsch), bei den andern steht der Originalname. Ich habe es den Mitwirkenden überlassen das so zu machen wie sie es wollten.

Es hat mich erstaunt dass viele meiner „Mädels", und ich nenne sie so, obwohl sie doch alle gestandene Frauen sind, selbst wieder einen Ägypter geheiratet haben. Eine sagt zum Beispiel, dass es ihr leichter fällt ihre deutsche Seite einem Ägypter zu erklären als ihre ägyptische Seite einem Deutschen. Darüber habe ich nachgedacht. Es muss wohl stimmen. In Deutschland stand ich selbst auch Unverständnis gegenüber, wenn ich von ägyptischen

Eigenarten sprach. Richtig verstanden fühlte ich mich eigentlich erst in Alexandria, wo es viele Paare wie uns gibt: Ehemann Ägypter, Frau Deutsche oder Österreicherin oder.. Wie viel schwieriger muss es dann sein wenn man selbst beide Seiten in sich trägt? Ein bisschen ist man dann immer gespalten und viele habe das auch zum Ausdruck gebracht.

Noch eine Anmerkung: Es gibt im Buch zwei Schwestern. Meine Leser werden bestimmt herausfinden, um wen es sich handelt. Wenn Sie mir dann eine Nachricht schicken, würde ich mich sehr freuen. Bitte nicht öffentlich, um den anderem den Spaß nicht zu verderben!

Ich habe viel nachgedacht über diese Geschichten, viele Dinge sind mir klar geworden, die mir vorher gar nicht so bewusst waren.

Meinen Lesern wünsche ich viel Freude beim Lesen, vielleicht auch einige „Aha“-Erlebnisse.

Annelies Ismail Luxor, Februar 2017

Kapitel 1: Wo gehöre ich hin? Geschichte einer Deutsch-Ägypterin

Den Kontakt zu dieser jungen Frau stellte ihre Mutter her, die ich schon einige Zeit vorher kannte. Sie kennt auch mein erstes Buch, und als ich von meinem neuen Projekt erzählte, sprach sie ihre Tochter darauf an. Bei dieser Geschichte habe ich alles so übernommen, wie es mir die eloquente Tochter aufgeschrieben hat. Ich hätte es nicht besser schreiben können. Sie hat sich viele Gedanken über ihr Leben gemacht und ist dabei auf ganz eigene Schlussfolgerungen gekommen. Ich lernte sie persönlich kennen und war angetan von ihrem Auftreten und ihrer selbstbewussten Art. Ich fand es nur ein bisschen schade, dass sie nicht verheiratet ist und keinen Partner hat. Aber sie hat meine Fragen darauf (???) sehr freimütig beantwortet. Offensichtlich ist sie mit ihrem Leben in Ägypten und besonders mit ihrer beruflichen Tätigkeit sehr zufrieden. Hier ist ihre Geschichte:

Meine Eltern lernten sich in Deutschland kennen, wo mein Vater seinen Doktor machte. Meine Mutter stammte aus einer katholisch-protestantischen Familie; ihre Mutter war strenge Katholikin, ihr Vater ein eher freizügiger Protestant.

Mein Vater machte von vornherein klar, dass er nach Abschluss seiner Doktorarbeit nach Ägypten zurückgehen würde, weil er seinem Land dienen wollte. Meiner Oma war es schon etwas unheimlich, ihre Tochter in ein so unbekanntes Land ziehen zu lassen. Ein Onkel meiner Mutter machte einen Rechtsanwalt ausfindig, mit dem ein Beratungstermin vereinbart wurde. Schließlich aber gelangte man zu der Überzeugung, dass man dieses Wagnis wohl eingehen könne, und meine Eltern heirateten ein Jahr nach ihrer Verlobung. Diese hatte in Deutschland stattgefunden, die Hochzeit dagegen in Ägypten, wo meine

Eltern seitdem auch leben.

Unsere Wohnung wurde allerdings nicht gerade sehr ägyptisch eingerichtet: stoffbezogene Sitzecke statt Goldpracht im Wohnzimmer, statt dem obligatorischen Vitrinenschrank zierte ein riesiger Bücherschrank die Wand.

Meine Kindheit verlief eigentlich sehr untypisch für ein Kind, das in Ägypten aufgewachsen ist: Bei uns wurde nur wenig ferngesehen, vor dem Ins-Bett-Gehen wurde vorgelesen, um 8 Uhr war Schlafenszeit. Wir durften nicht unten vor dem Haus spielen, und wir spielten mit unseren Puppen, anstatt ihnen nur Arme und Beine auszureißen. Ist dies (was???) deutsches Verhalten? Vielleicht, vielleicht auch nicht (mehr)?

Auch mein Verhältnis zu Geld war sehr ungewöhnlich. In Ägypten bekommen schon Vorschulkinder ohne weiteres Geld in die Hand, um sich in der Schule Süßigkeiten oder etwas zu trinken zu kaufen. Ich bekam stattdessen Kekse oder belegte Brötchen und eine Thermosflasche in die Schule mit, und wenn wir als Familie unterwegs waren, bezahlte selbstverständlich mein Vater. Erst in der 5. Klasse bekam ich ein minimales Taschengeld, das erst lange gespart werden musste, ehe ich mir damit einen kleinen Herzenswunsch erfüllen konnte. Bis in die Mittelstufe hinein hatte ich große Schwierigkeiten mit dem Kopfrechnen und wenn in einem Geschäft Rückgeld fällig war, brauchte ich Ewigkeiten, um den Restbetrag auszurechnen (damals bekam man nur selten Kassenzettel, und vor Betrug war man grundsätzlich nie sicher).

Unsere Familiensprache war Deutsch, da alle diese Sprache sprechen konnten und verstanden. Auch mit meinen Geschwistern spreche ich bis heute immer Deutsch. Wenn ich mich allerdings nur mit meinem Vater unterhalte, spreche ich Arabisch.

Meine Familie hatte nur wenig Kontakt zu anderen Familien. Das fing schon damit an, dass niemand von unseren Verwandten in Alexandria lebte. Mein Vater hatte keine Freunde, nur einige Bekannte, die in großen Abständen mal nach Hause eingeladen wurden. Als wir Kinder im Vorschulalter waren, lernte meine Mutter eine andere Deutsche kennen, die eine Gruppe für musikalische Früherziehung leitete. Einige Teilnehmer dieser Gruppe, Kinder mit deutschen oder österreichischen Müttern und ägyptischen Vätern, blieben über lange Zeit unsere einzigen Freunde außerhalb der Schule.

Als Kinder gingen wir regelmäßig in den „Club“, eine Mischung aus Sportverein, Kinderspielplatz und englischem Gesellschaftsklub, der aufgrund einer Beitrittsgebühr der Mittel- und Oberschicht in ägyptischen Großstädten vorbehalten ist. Auf den Kinderspielplätzen sah man häufig Mütter, die ihren Kindern mit Chipstüten und Brötchen hinterherliefen, damit die armen Kinder auch ja genug zu essen bekamen – ein Anblick, der sich bis heute nicht verändert hat. Bei uns dagegen gab es außer Haus grundsätzlich nichts zu essen oder zu trinken, um einen Klogang zu vermeiden: Meistens befanden sich in der Öffentlichkeit keine Toiletten in der Nähe oder sie waren in wenig einladendem Zustand. Damals gingen Mädchen im Rüschenkleidchen mit Schleife in den Club und durften sich nicht schmutzig machen; bei uns war das anders: Wir trugen Spielkleidung, wir durften im Sand spielen und auf Bäume klettern - und wurden mit unseren kurzen Haaren (sie wurden einfach nicht länger!) auch prompt manchmal für Jungen gehalten. Wegen meiner Kleidung und meinem weißblonden Haar fiel ich natürlich immer auf, wo immer ich unterwegs war. Unzählige Male wurde mir ein „What's your name?" oder „Welcome!" oder „Wie spät ist es?" (letzteres auf Arabisch) entgegengeschleudert. Das ging mir unheimlich auf die Nerven und ich reagierte zunehmend aggressiv darauf. Diese Aggression verspüre ich bis heute, wenn mich jemand auf der Straße so anspricht. Normale Ägypter werden schließlich nicht so angesprochen!

Zu Hause ging es bei uns sehr streng zu. Es durfte nur ganz kurz telefoniert werden, und wenn es wirklich mal eine Freundin wagte, nach 10 Uhr abends anzurufen, war bei meinem Vater die Hölle los: So etwas machte doch kein anständiger Mensch! Für Ägypter im Übrigen völlig unverständlich, denn in Ägypten wird zu jeder Tages- und Nachtzeit angerufen, auch am Wochenende.

Mein Vater war ein Ordnungsfanatiker und nichts durfte von seinem Platz wegbewegt werden. Mit unseren Spielsachen wurde vormittags gespielt, während er bei der Arbeit war; da konnten wir alles auf dem Boden ausbreiten und dann konnten wir auch Hütten bauen. Aber mittags musste schnell alles aufgeräumt werden, bevor mein Vater von der Arbeit zurückkam. Und als ich als Jugendliche einmal mein Zimmer etwas umgestalten wollte, gab es einen Riesenkrach, und alle Möbel mussten sofort wieder an ihren alten Platz zurückgestellt werden.

Wir hatten eigentlich nicht viel Spielzeug, aber dafür „sinnvolles" wie z.B. Bausteine, Lego, Puzzles ... und vor allem Puppen. Zunächst spielten wir mit traditionellen Plastikpuppen, später dann mit Barbiepuppen. Die waren bei uns allerdings keine Diven, die in Stöckelschuhen daherspazierten, sondern Familienmütter, die Ehemänner und Kinder hatten. Unsere Barbiefamilien hatten alles, was wir nicht hatten, und durften alles, was wir nicht durften: Sie hatten Skianzüge und Miniröcke, schicke Schulranzen und Campingausrüstung, Einfamilienhäuser (aus Karton) und Aufzüge. Nicht etwa gekauft, nein – alles war selbst gebastelt und alle Kleider waren selbst genäht, gehäkelt oder gestrickt!

Wahrscheinlich begann damals mein Interesse für das Theater. Unsere Puppen unterhielten sich natürlich auch und jede hatte ihre eigene Persönlichkeit; manche auch ihre eigene Stimme. In den Barbiefamilien gab es natürlich auch immer wieder mal heftige Diskussionen – zwischen Eltern und Kindern, zwischen Frauen und Männern. „Freiheit" war dabei ein wichtiges Thema.

Mein Schulanfang war etwas abenteuerlich. Ich hatte ein Jahr lang die Vorschule besucht, aber in dem Sommer, bevor ich in die erste Klasse kam, war meine Familie – zum ersten Mal seit meiner Geburt – für längere Zeit in Deutschland, weil mein Vater ein mehrmonatiges Forschungsstipendium bekommen hatte. Es war klar, dass ich durch diesen Aufenthalt den Schulanfang verpassen würde. Also fingen meine Eltern an, mir das Lesen und Schreiben beizubringen – meine Mutter auf Deutsch und mein Vater auf Arabisch. Das klappte wunderbar, und als wir zurückkamen, hatte ich gegenüber meinen Mitschülern sogar einen Vorsprung. Was meine Eltern allerdings nicht bedacht hatten, war, dass es da auch noch andere Fächer gab – Mathematik und Religion zum Beispiel.

In der ersten Mathestunde saß ich erstmal etwas ratlos da und versuchte zu begreifen, was dieses „Plus" und

„Minus" bedeutete. Das „Plus" begriff ich ziemlich bald, mit dem „Minus" dauerte es etwas länger, aber bis zum Ende der Stunde hatte ich es dann auch begriffen. Mit Religion war es etwas schwieriger. Da wurde ich nämlich vor der Religionsstunde gefragt: „Bist du Moslemin oder Christin?" Ich hatte keine Ahnung. Diese Begriffe waren bei uns zu Hause nie gefallen, obwohl mein Vater ein gläubiger Moslem war. Die Frage klang für mich genauso wie „Bist du ein Ahli- oder Zamalek-Fan?", einer Frage, die mir später auf dem Schulhof auch gestellt wurde und mit der ich genauso wenig anfangen konnte. (Ahli und Zamalek sind die beliebtesten ägyptischen Fussballvereine). Schließlich fand man über den Namen meines Vaters (ein eindeutig moslemischer Name) dann doch heraus, wohin ich gehörte, und ich sollte also in der Klasse sitzen bleiben, während die Christinnen zum Religionsunterricht in einen anderen Raum zogen. Im Religionsunterricht wurde im Wesentlichen der Koran rezitiert; die Lehrerin las vor und wir sprachen nach – im Chor. Ich verstand kein Wort. Nicht dass ich kein Arabisch konnte – aber eben nur die ägyptische Umgangssprache, die sich doch sehr von dem alten Hocharabisch des Korans unterscheidet. Komischerweise brachte ich die Texte im Religionsunterricht überhaupt nicht in Verbindung mit dem Morgengebet, das wir jeden Morgen mit der ganzen Familie verrichteten.

In unserer deutschen Nonnenschule wurde damals noch zwischen Deutschen und Ägyptern unterschieden – wahrscheinlich Überreste der Kolonialzeit. Deutsche waren vom Arabischunterricht befreit, sie hatten einen eigenen, kleinen Pausenhof, und deutsche Mädchen durften – im Gegensatz zu den ägyptischen – im Winter Hosen tragen. Ich galt in der Schule immer als Ägypterin, darauf legte mein Vater größten Wert. Der einzige Punkt, in dem ich als Deutsche behandelt wurde, war der Förderunterricht für deutsche Muttersprachler: Während unsere Klassenkameraden Grammatik paukten, sollten wir Aufsätze oder Inhaltsangaben schreiben – was mir großen Spaß machte: Seit der Grundstufe war mein Traumberuf „Schriftstellerin"!

Das lag auch daran, dass ich eine große Leseratte war. Ich las alles, was mir unter die Augen kam: Bücher, Reklamen, Geschäftsnamen auf dem Schulweg u.v.m. Wir hatten immer Bücher zu Hause und über die Sommerferien konnte ich mir aus der Schulbibliothek oder aus der Bibliothek des örtlichen Goethe-Instituts gute Kinder- und Jugendliteratur ausleihen. Lange Zeit las ich nur auf Deutsch. Das lag auch daran, dass es in Ägypten damals nur sehr mäßige Kinderbücher und so gut wie keine arabischen Jugendbücher gab, außer ein paar Krimis, von denen einige erstaunlich viele Gemeinsamkeiten mit den Detektivgeschichten von Enid Blyton aufwiesen, und die ich dann ab Ende der Grundstufe anfing zu lesen. Außerdem gab es noch Comics, die mich aber wenig interessierten.

Arabisch habe ich erst relativ spät richtig gelernt, genauer gesagt: Die ägyptische Umgangssprache. Denn das Hocharabisch, das wir in der Schule lernten, war für mich sowie für alle meine Mitschüler, eine fremde Sprache, die wir alle sowieso von Grund auf lernen mussten. Die Umgangssprache dagegen war für die anderen eine Muttersprache, während es für mich eben eine „Vatersprache" war, die ich nur mangelhaft beherrschte. In der Schule verbesserte sich meine ägyptische Umgangssprache erst dann deutlich, als ich mich in der 5.

Klasse näher mit einer ägyptischen Klassenkameradin anfreundete, die in der Pause gern viel erzählte. Heutzutage spreche ich weitgehend akzentfrei, allerdings ist meine Satzmelodie manchmal vielleicht immer noch etwas untypisch. Mir fällt aber auf, dass die Frage, ob ich Ägypterin sei, immer nur dann gestellt wird, wenn die Leute mich sehen und nicht etwa, wenn sie mich nur am Telefon hören.

Mir wurde zum ersten Mal bewusst, dass ich Deutsche bin, als meine Mutter mir in der 10. Klasse sagte, ich solle mir keine Hoffnungen auf den Deutschlandaufenthalt machen, mit dem normalerweise die Beste in der Deutschprüfung am Ende der 10. Klasse belohnt wurde; schließlich hätte ich ja die deutsche Staatsangehörigkeit! Natürlich war ich bis dahin mehrere Male in Deutschland gewesen, aber auch noch nicht so oft, und vor allem auch nie alleine. Ein bisschen ungerecht fand ich das damals schon, aber da wir in diesem Sommer privat nach Deutschland fuhren, war es dann doch nicht so schlimm.

In Deutschland wurden wir immer sehr selbstverständlich aufgenommen. Da wir Kinder akzentfrei Deutsch sprachen, kam keiner auf die Idee, dass wir vielleicht keine Deutschen seien. Und wenn unser Großvater uns in den Supermarkt mitnahm und den Verkäufern stolz erzählte, dass gerade seine Enkel aus Ägypten zu Besuch seien, nahmen die Leute das eben so hin, ohne uns als fremd zu empfinden. Später wurde es dann etwas schwieriger. Eine Zeitlang hatte ich eine deutsche Brieffreundin, die in derselben Stadt wie meine Großmutter wohnte. Als ich als Jugendliche wieder einmal in Deutschland war, sprachen wir uns mal am Telefon und sie schlug vor, abends zusammen in die Stadt zu gehen.

Das kam für meinen Vater damals überhaupt nicht in Frage, und ich musste das Treffen absagen.

Im Nachhinein bin ich froh, dass ich nicht in Deutschland aufgewachsen bin. Es wäre zu viel mehr Konflikten zwischen Familie und Klassenkameraden gekommen. Zwar wurde Soziales von meinem Vater auch in Ägypten regelmäßig abgeblockt: Die Teilnahme an Kindergeburtstagen oder an Klassentreffen war keineswegs selbstverständlich – Schulausflüge waren das Einzige, das so gut wie garantiert war. Aber in Ägypten nehmen die meisten Mädchen es als normal hin, dass irgendwelche Dinge von der Familie verboten werden, hingegen in Deutschland nicht. Viele ägyptische Mädchen versuchen Verbote durch irgendwelche Tricks und viele Lügen zu umgehen, oft mit Unterstützung von älteren Geschwistern oder Müttern, aber diese Doppelmoral war meiner Mutter unbekannt und so etwas kam für sie überhaupt nicht in Frage.

Die Sozialisierung war in unserer Familie überhaupt ein Problem. Mein Vater stammte aus einer Provinzstadt mit starker Anbindung ans Land, meine Mutter gleich aus Deutschland. Keiner von beiden hatte eine Ahnung, welche Gepflogenheiten in einer ägyptischen Großstadt wie Alexandria für die Mittelschicht galten. Dazu kam, dass mein Vater sowieso immer seinen eigenen Kopf hatte und nicht sehr daran interessiert war, sich nach den Normen der Gesellschaft zu richten.

Nehmen wir als Beispiel eine Hochzeit: Wie kleidet man sich? Wann geht man hin, wenn der Beginn der Hochzeit für 9 Uhr abends angekündigt ist? Wie lange dauert die Feier? Was kann man dem Brautpaar schenken und in welchem Preisbereich? Bringt man das Geschenk zur Feier mit oder kann man es bei einer anderen Gelegenheit überreichen? Werden von den Gästen irgendwelche Beiträge zur Gestaltung der Feier erwartet? Wird auf der Feier getanzt? Muss man da mittanzen? Die Antwort auf alle diese Fragen musste ich mir im Laufe meines Lebens selbst erarbeiten, meine Eltern konnten mir dabei wenig helfen.

Oder wie verhalte ich mich bei einem Todesfall: Mein Vater war der Meinung, dass man später als 3 Tage nach dem Tod nicht mehr kondolieren dürfe, das sei „unislamisch“. Diese Regel gilt aber in der hiesigen Gesellschaft überhaupt nicht, im Gegenteil: es könnte einem noch übelgenommen werden, wenn man nicht kondoliert. Oder er meinte, beim Kondolieren müssten auch unverschleierte Frauen ihr Haar bedecken. Eine Regel, die in der Stadt überhaupt nicht galt, wie ich bei meinen Kondolenzbesuchen feststellte. Meine Geschwister, die heutzutage in Deutschland leben, mussten sogar noch ein zweites Mal am „sozialen Nullpunkt“ anfangen; meine Mutter war nach so langer Zeit außerhalb des deutschen Alltags natürlich nicht gerade auf dem aktuellsten Stand.

Lange Zeit hat mich dieses soziale „Unwissen“ allerdings nicht sonderlich beeinträchtigt, da ich in der Mittelstufe wenig Anschluss hatte. Als ich in die 7. Klasse kam, hatte sich meine Klasse über die Sommerferien schlagartig verändert: Die Schülerinnen interessierten sich plötzlich für Popmusik, Make-Up und Jungen. Doch ich interessierte mich weiterhin für meine Bücher und meine Puppen, ich spielte Klavier (ich war mit klassischer Musik aufgewachsen), kurzum, ich war auf eine gewisse Art und Weise ein Kind geblieben. Ich konnte keine Gemeinsamkeiten mit meinen Klassenkameraden mehr finden und zog mich immer mehr zurück. Die Pausen verbrachte ich alleine auf dem Schulhof, oft mit einem Buch in der Hand. Erst zwei Jahre später begann ich, bewusst wieder etwas Kontakt zu suchen. Ich stellte mich einfach mit in eine Runde, hörte zu, auch wenn mich die Inhalte wenig interessierten. Mein Grund dafür war die Klassenfahrt, die im darauf folgenden Jahr anstand, und meine Angst davor, keine Zimmergenossinnen zu finden, die mich in ihr 6-Bett-Zimmer aufnehmen würden. Dieses Am-Rand-Stehen in einer Runde sollte mich mein Leben lang begleiten: ich beobachte, höre zu, empfinde aber immer eine große Distanz und bin nie selbst Teil des Geschehens. Bei einem „wir" fühle ich mich meistens nicht betroffen. Bis zum Ende meiner Schulzeit war ich nie wieder richtig integriert, den Schulabschluss sah ich als Chance für einen Neubeginn.

An der Uni bemühte ich mich von Anfang an um Kontakte und fand mit der Zeit dann auch eine Gruppe von Kommilitoninnen, mit denen ich mich ganz gut verstand - sehr zur Verwunderung von Bekannten meiner Eltern, da der Studiengang, den ich mir ausgewählt hatte, in der Hierarchie der Studiengänge sehr weit unten stand und damit auch das soziale Niveau meiner Kommilitonen sehr viel niedriger war, als das meiner Mitschüler an der Schule. Eine dieser neuen Freundschaften hat sich bis heute gehalten.

Nach dem Studium dachte ich vorübergehend daran, in Deutschland eine Dolmetscherausbildung zu machen, aber mein Vater wollte nicht, dass ich alleine nach Deutschland gehe. Ich glaube, er sah es zunehmend als Bedrohung, dass mir mit der Zeit immer bewusster wurde, dass ich eben auch Deutsche bin. Lange Zeit hatte er mir und meinen

Geschwistern erfolgreich eingeimpft, dass wir Ägypter seien und als solche auch in Ägypten zu leben hätten, aber das begann nun allmählich zu bröckeln.

Nachdem auch die Idee, in Kairo zu arbeiten, von meinem Vater abgelehnt wurde, saß ich nach dem Studium erst einmal mehrere Monate arbeitslos herum. Das heißt allerdings nicht, dass ich nicht beschäftigt gewesen wäre. Ich lernte weiter Französisch, begann mit Hilfe von Tonbandkassetten Italienisch zu lernen. Dann ergab sich plötzlich die Gelegenheit, eine Ausbildung als Deutschlehrerin zu machen. Deutschlehrerin? Das war eigentlich nie mein Ziel gewesen. Aber nachdem ich mich ja grundsätzlich für Sprachen interessierte, dachte ich, ich könnte es ja mal ausprobieren und dann gefiel es mir so gut, dass ich bis heute Deutsch unterrichte.

Mit der Zeit stellte ich allerdings fest, dass Sprachlehrer – sofern sie nicht an Schulen unterrichten – eigentlich immer nur als Honorarkräfte arbeiten können. Und wenn keine Nachfrage besteht, werden sie eben arbeitslos, keine guten Voraussetzungen für eine gesicherte Zukunft. Ich begann, nach einer festen Stelle zu suchen, die ich schließlich im kulturellen Bereich fand und welche ich inzwischen schätzen gelernt habe.

Eines Tages ergab sich die Gelegenheit, mich um ein Stipendium für ein Masterstudium in Frankreich zu bewerben – ein Traum für mich, doch wie würde meine Familie darauf reagieren? Überraschenderweise hatte mein Vater nichts dagegen. Wahrscheinlich deshalb, weil er sich immer gewünscht hatte, dass seine Kinder die Unilaufbahn, so wie auch er, einschlagen und schließlich ging ein Masterstudium ja nun auch ein bisschen in diese Richtung.

Mein Aufenthalt in Frankreich war für mich eine sehr neue Erfahrung. Ich musste mich neu definieren, nachdem mich bisher die – in Ägypten doch sehr homogene – Gesellschaft bzw. die von meinem Vater vorgegebenen Regeln definiert hatten. Wie sollte ich mich vorstellen: als Deutsche oder als Ägypterin? Sollte ich es zulassen, auch von Männern mit Küsschen begrüßt zu werden? Wie ist das mit dem Alkoholtrinken? Und was wäre, wenn ich mich jetzt plötzlich in jemanden verliebe?

Meinem Französisch war natürlich die Ausländerin anzumerken, aber mein Akzent war nicht so eindeutig deutsch und schon gar nicht ägyptisch. Ich machte mir einen Jux daraus, die Leute raten zu lassen, woher ich kam. England oder Skandinavien waren dabei recht häufige Antworten, die sicher stark von meinem Aussehen beeinflusst waren. Auf die Frage nach meiner Herkunft antwortete ich allerdings immer „aus Ägypten“. Schließlich hatte sich meine ganze Lebenserfahrung dort gebildet. Vom Alltagsleben in Deutschland wusste ich wenig. Und so ist es bis jetzt: Ich bin weder Deutsche noch Ägypterin, komme einfach nur „aus Ägypten“.

An die französische Begrüßungsart hatte ich mich bald gewöhnt. Ich hoffte nur, dass nie einer meiner Kommilitonen später in Ägypten auftauchen und mich genauso begrüßen würde. Das hätte schon großes Aufsehen erregt.

Von Alkohol hielt ich mich eher fern. Ich hatte in Deutschland ab und zu mal schlückchenweise alkoholische Getränke probiert, aber ich fand den Geschmack regelrecht abstoßend. Der Alkohol schmeckte für mich beißend und unangenehm, und ließ wenig Raum, den Geschmack des eigentlichen Getränks zu erfassen. Warum sollte ich mir das also antun? Wenn es eine Alternative gab, griff ich zu dieser. Wenn nicht, trank ich höflichkeitshalber einen Schluck mit und ließ den Rest stehen. Wurde ich gefragt, ob ich Alkohol trinke, sagte ich offen, dass ich alkoholische Getränke nicht mochte. Es war mir wichtig, klarzumachen, dass der Grund fern von religiöser Überzeugung lag.

Mit dem Essen war ich wenig wählerisch, ich bemühte mich nicht um Halal-Kost. Das Schweinefleischverbot im Islam hat meiner Ansicht nach seine volle Berechtigung in warmen Klimazonen wie den arabischen Ländern (vor allem, wenn man weiß, wie Schweine in Ägypten zum Beispiel gehalten werden), aber in mitteleuropäischen Ländern entfällt meiner Ansicht nach der hygienische Grund dieses Verbots. Das ist übrigens auch sehr typisch für meine Auffassung von Religion. Ich suche immer nach „weltlichen" Gründen für Gebote oder Verbote, und wenn ich irgendwo keine finde, habe ich ein Problem damit. Ich finde zum Beispiel das Beten sehr nützlich, wenn es einem Menschen, der einen schweren Schlag in seinem Leben erlitten hat, dabei hilft, wieder „aufzukommen" und das Geschehene zu akzeptieren, oder wenn religiöse Überzeugung die Menschen dazu anhält, Geld für Arme zu spenden oder ihren Mitmenschen zu helfen. Aber wenn ein Arzt unbedingt eine halbe Stunde verschwinden muss, um in der Moschee zu beten, während die leidenden Patienten im Wartezimmer auf ihn warten, dann kann ich das nicht akzeptieren. Oder wenn Religionsunterschiede zwei Menschen, die sich lieben, daran hindern, zu heiraten, oder wenn solche Unterschiede zu Diskriminierungen oder womöglich zu Kriegen führen.

Ich habe viel von meinem Vater erzählt, da er meine Lebensweise sehr beherrscht hat. Meine Geisteshaltung habe ich aber viel mehr von meiner Mutter übernommen, wir verstehen uns sehr gut, können über alles reden, eben auch Gesellschafts- oder Religionskritisches. Das ist bei meinem Vater nicht möglich, da in jedem zweiten Satz bei ihm heutzutage das Wort „Islam“ fällt und damit die Diskussion eigentlich auch schon beendet ist.

Mein Vater ist ein sehr gläubiger Moslem, allerdings achtet er, im Gegensatz zu den meisten anderen Ägyptern, sehr darauf, dass die religiösen Rituale (Beten und Fasten) in keiner Weise die Qualität seiner Arbeit beeinträchtigen. Meine Mutter war bei der Heirat zum Islam übergetreten (eine ausdrückliche Bedingung meines Vaters für die Heirat), praktiziert den Islam aber aufgrund von Sprachbarrieren nur sehr begrenzt. Sie ist aber an allgemeinreligiösen Fragen durchaus interessiert, sowohl im islamischen als auch im christlichen Kontext. Ich selbst habe mich dagegen im Laufe meines Lebens zunehmend von Religion entfernt (weil ich viel Missbrauch im Namen von Religion gesehen oder gehört habe), bin aber dem Namen nach immer noch Moslemin und praktiziere noch gelegentlich im Ramadan. Allerdings sehe ich heutzutage vieles eher symbolisch.

Meinem Vater macht es sehr zu schaffen, dass seine Kinder so „unreligiös“ geraten sind, da er nach seinem Verständnis als Familienvorsitz die Verantwortung dafür trägt. Dieses Verständnis kann ich nicht teilen, meiner Auffassung nach ist jeder mündige Mensch für sich selbst verantwortlich und hat die Freiheit, selbst zu entscheiden, wie er sein Leben gestalten will. Schlecht ist für mich nur, was anderen Menschen schadet, alles andere ist Geschmackssache.

Interessanterweise bin ich trotz alledem aber recht fatalistisch eingestellt. Ich nehme die Dinge eben, wie sie kommen, und versuche, mich eher auf das Positive zu konzentrieren. Ich hatte schon viel Glück in meinem Leben, besonders in meiner beruflichen Laufbahn und dafür bin ich dankbar. Und an Vielem kann man sowieso nichts ändern. Außer bei der Arbeit, wenn sich da irgendwo eine Gelegenheit für konstruktive Kritik ergibt, bringe ich diese auch an und bin davon überzeugt, dass ich dadurch auch manches zum Besseren verändern konnte.

Meine Herkunft empfinde ich durchaus als Bereicherung, auch wenn sie nicht nur den Blick für Schönes, sondern auch für potentielle Probleme schärft. Das Beherrschen verschiedener Sprachen und damit auch der Einblick in Kultur und Literatur verschiedener Gesellschaften, das Kennenlernen verschiedener Sichtweisen, Reisen in die entsprechenden Länder: All dies sind Aspekte, für welche man die negativen Seiten in Kauf nimmt. Wenn mich jemand fragt, was ich an Ägypten mag, dann sage ich: „Wie die Leute sofort Kontakt herstellen können - und die Sonne". An Deutschland gefällt mir die klare säkulare Ausrichtung, der allgemeine Konsens, was den Frieden und die Toleranz angeht, die im Vergleich zu Ägypten doch sehr viel zuverlässigere Arbeitshaltung, der stressfreie Verkehr und die Sauberkeit.

Ich denke aber schon, dass eine gemischte Ehe für die Kinder eine zusätzliche Herausforderung darstellt, weil diese sich viel mehr als andere mit der Identitätssuche beschäftigen müssen. Auch bei der Partnersuche kann das problematisch sein, nicht umsonst bin ich nicht verheiratet. Ich kann mir nur sehr schlecht vorstellen, einen Ägypter zu heiraten. Mit dem Begriff einer gleichberechtigten Ehe können nur die wenigsten etwas anfangen und Haushalt und Kinder bleiben sowieso gänzlich den Frauen überlassen. Letzteres empfinde ich übrigens auch häufig bei Ehen in Deutschland so, die Frauen müssen aus diesem Grund auch meistens beruflich zurückstehen. Eine (deutsche) Freundin meinte einmal halb im Spaß, für mich wäre ein Franzose das Richtige. In Frankreich habe ich die Aufgabenverteilung in der Ehe übrigens auch tatsächlich als gleichberechtigter empfunden. Aber sei es nun ein Franzose oder ein Deutscher, beide hätten wahrscheinlich Schwierigkeiten damit, mit meinem halbägyptischen Hintergrund zurechtzukommen, durch den ich doch sehr geprägt bin. Außerdem weiß ich sehr genau, dass mein Vater es nie akzeptieren würde, wenn ich einen Nicht-Moslem heiraten wollte. Und wie wäre es mit einem Mann aus einer gemischten Verbindung (deutsch – ägyptisch)? Einmal hatte eine Freundin der Familie versucht, eine solche Ehe zu arrangieren. Wir trafen uns ein paar Mal, aber der Funke sprang eben nicht auf mich über. Also wurde der Plan in beidseitigem Einverständnis aufgegeben. Meine Eltern übten in dieser Hinsicht übrigens nie Druck auf mich aus, nie liefen sie mit besorgten Gesichtern umher oder sagten irgendetwas vom ersten Enkelkind, das sie sich doch allmählich wünschen würden. Das rechne ich ihnen hoch an, in einer Gesellschaft, wo Heiraten einfach dazugehört. Dadurch konnte ich mir ein Selbstbewusstsein bewahren, das vielen anderen „Übriggebliebenen" fehlt. Dazu hat übrigens auch mein Freundeskreis bei der Arbeit beigetragen, der zu einem großen Teil, wenn auch nicht ausschließlich, aus Unverheirateten besteht. Ich habe nicht das Gefühl, etwas zu vermissen. Die meisten Ehen, die ich so von außen mitbekomme, wären für mich nicht erstrebenswert.

Im Prinzip fühle ich mich auch heute noch überall anders als die anderen und nicht dazugehörig, aber ich wurde deshalb nie diskriminiert. Wird man in Ägypten als Europäer wahrgenommen, ist das eher ein Grund, sozial „hochgestuft“ zu werden als umgekehrt. Meistens wurde ich aber als Ägypterin wahrgenommen, gespottet wurde in der Schule oder Uni höchstens über meine „Bravheit“ oder „Naivität“. Nur ein einziges Mal erlebte ich eine Situation, in der ich sehr negativ als Nicht-Ägypterin wahrgenommen wurde. In der postrevolutionären Zeit hatte ich einmal auf Facebook eine Diskussion mit einer (entfernten) Kollegin, die Anhängerin der Moslembrüder war, während ich Anhängerin von säkularen Strömungen bin. Die Kollegin meinte an einem bestimmten Punkt, wenn mir Ägypten nicht passe, könne ich ja nach Deutschland gehen. Worauf ich ihr sagte, dass Ägypten genauso mein Land sei wie ihres und die Tatsache, dass mir die jetzige Regierung nicht passt, keineswegs bedeute, dass ich weggehen wolle oder müsse.

Aber in Wirklichkeit ist weder Ägypten noch Deutschland „mein Land“. Deshalb bin ich auch auf kein Land stolz. Ich denke, stolz kann man eigentlich nur auf etwas sein, was man selbst geleistet hat. Deshalb bin ich auch nicht stolz auf die Pyramiden und auch nicht auf die Deutsche Nationalmannschaft, wenn sie ein wichtiges Fußballspiel gewinnt. Im ägyptischen Umfeld habe ich mich inzwischen etabliert. Wie das allerdings wäre, wenn ich jetzt nach Deutschland ziehen würde, weiß ich nicht. Wahrscheinlich würde die Identitätssuche dort noch einmal ganz von vorne beginnen.

Diese Geschichte unterscheidet sich von den meisten andern durch die Tatsache, dass die Protagonistin nur in Ägypten gelebt hat (wenn man vom Urlaub absieht). Sie schildert genau die Erziehung der

Kinder in Ägypten, die sich wirklich von der in Deutschland sehr unterscheidet. Außerdem war in ihrer Familie durch den ägyptischen Vater alles ein bisschen anders. Erstaunlich ist, dass dieser sich an die deutsche Disziplin und Ordnung so angepasst hatte, dass es *schon ungewöhnlich erscheint (auch für Deutsche).*

Die Gedanken von ihr, dass sie sich eigentlich immer etwas abseits der Gesellschaft sieht, habe ich auch von vielen anderen gehört.

Kapitel 2: Sarah: Eine bunt gemischte, einzigartige Familie in Deutschland

Mein Vater stammt aus Ägypten. Er ist in einer großen Familie aufgewachsen, studierte dann an der Kairo-Universität Politik und am Ende des Studiums entschloss er sich zur Auswanderung nach Deutschland, um dort Medizin zu studieren. Er hatte Erfolg und ist heute ein angesehener Chirurg. Meine Mutter war Laborantin von Beruf, somit im gleichen Arbeitsfeld tätig, und lernte ihn durch ihren Beruf kennen.

Mein Vater ist 1948 geboren und war zuerst mit einer Ägypterin verheiratet, aus dieser Ehe entstammen zwei Kinder. Meine Mutter ist 1950 geboren, auch sie war vorher schon verheiratet und hat eine Tochter im etwa gleichen Alter wie die Kinder meines Vaters. Meine Eltern waren also beide geschieden. Die Kinder, meine Geschwister also, verstanden sich alle auf Anhieb und wurden unzertrennlich. Meine Eltern heirateten 1984.

Meine Eltern bekamen zusammen drei Kinder, zwei Brüder und mich. Ich wurde 1988 in Nürtingen geboren, wo meine Mutter aufgewachsen war. Meine ersten drei Lebensjahre verbrachte ich in Neu-Ulm, dort hatte mein Vater eine eigene chirurgische Praxis eröffnet. 1991 zogen wir dann nach Ägypten. Mein Vater blieb aufgrund seiner Arbeit in Deutschland. Wir besuchten ihn sehr oft oder er besuchte uns übers Wochenende. Er hoffte, dass wir in Ägypten Arabisch lernen und dadurch unsere Kultur und Herkunft besser kennen lernen würden. Dies war jedoch nicht der Fall, denn wir gingen in die DEO (Deutsche Evangelische Oberschule), sprachen weiterhin nur Deutsch und hatten kaum Kontakt zu Ägyptern, auch nicht zur Familie meines Vaters, denn unter ihnen sprach ja keiner Deutsch.

1995 kam ein Freund meines Vaters aus dem Sudan. Er schwärmte von den Sudanesen. Es sei ein Volk, das nach dem richtigen Islam leben würde, wo die Menschen natürlich seien, hilfsbereit, nett und ganz ohne Einfluss des westlichen Lebens. Da uns unser Vater gut erziehen wollte, besuchten meine Mutter und er alsdann den Sudan, um einen ersten Eindruck zu bekommen und innerhalb kürzester Zeit wurde klar, dass auch wir im Sudan leben sollten. Mein Vater würde dort so vielen Menschen helfen können und für uns wäre es das, was er sich unter "Erziehung" vorgestellt hatte. Wir würden lernen zwischen reich und arm zu leben, Menschen in Not zu helfen, unsere Religion kennen zu lernen, andere Kulturen und andere Menschen erleben.

Wir zogen 1995 in den Sudan und ja, er hatte Recht, denn innerhalb eines Jahres lernten wir perfekt Arabisch und lernten auch vieles mehr zu schätzen. Jetzt, nach 20 Jahren kann ich als erwachsene junge Frau sagen, dass es die beste Entscheidung war, und ich sehe den Unterschied zwischen meiner Denkweise und der meiner damaligen Klassenkameraden. Das Leben spielt bei mir eine andere Rolle, denn ich habe viel, sehr viel erlebt.

Mein Vater konnte uns leider nicht nachkommen, da er im Sudan keine Zulassung für seine Arbeit als Chirurg bekam. Somit lebten wir sehr lange ohne meinen Vater. Das war auch nicht immer einfach, aber wir wussten, dass wir eines Tages wieder zusammenleben würden.

2001 kam endlich dieser Zeitpunkt: Mein Vater zog zu uns in den Sudan. Dort lebten wir als Familie zusammen bis 2009, im Sudan habe ich auch studiert. Danach zogen meine Eltern zurück nach Deutschland. Ich studierte dort noch im letzten Semester Sprachen und zog dann nach Ägypten, wo ich heiratete. Mein Mann ist Ägypter, er ist Arzt und wir lernten uns bei einem Deutschkurs kennen. und gingen dann nach Deutschland.

Meine vielen Geschwister leben alle hier in Deutschland und in der Schweiz. Wir organisieren jedes Jahr ein Familientreffen, wo wir alle im Schwarzwald ein großes Ferienhaus mieten und ein paar Tage zusammen verbringen. Bis auf meinen kleinen Bruder, der jetzt auch schon sein Zahnmedizinstudium abgeschlossen hat, haben alle meine Geschwister ihre eigenen Familien und Kinder. Auch meine Halbgeschwister kommen zu unserem Familientreffen. Ich bin glücklich, eine so große Familie zu haben.

Meine Eltern führen seit 32 Jahren eine glückliche Ehe. Sie verstehen sich gut, sind sich in vieler Hinsicht einig und haben die gleiche Lebensvorstellung und das gleiche Ziel.

Meine Mutter ist zwei Jahre nach der Hochzeit zum Islam konvertiert. Sie hat diese Entscheidung aus eigener Überzeugung getroffen, nachdem sie viel gelesen hat und meinen Vater und seine Verbindung zu Allah, den Menschen, seine Gebete und allgemein seine Lebensweise, beobachtet hatte. Die Religion spielt in unserem Leben also eine wichtige Rolle. Wir lieben den Islam, so wie er richtig ist. Leider ist es heutzutage nicht mehr so einfach, ihn in der ursprünglichen Form, nach dem Koran, zu leben. Viele Menschen verschlechtern das friedliche Bild des Islams durch ihre Taten. Wer den Islam richtig kennenlernen möchte, muss sich an den Koran und die Sunna halten und sich intensiv damit beschäftigen.

In meiner Familie haben wir immer nur Deutsch gesprochen. Meine Mutter ist die einzige, die es nicht geschafft hat Arabisch zu lernen, es war ihr einfach zu kompliziert, nur ein paar Wörter sind hängen geblieben. Diese benutzt sie im täglichen Leben auch in Deutschland als wäre es das Natürlichste in der Welt wie zum Beispiel: "Sarah hol mal die Milch aus dem "Talaga" (was "Kühlschrank" bedeutet) oder manchmal schreit sie laut: "Mesh momken!" (was soviel wie "Das darf doch nicht wahr sein!" bedeutet).

Ich spreche perfekt Arabisch, Deutsch und genügend Englisch, um mich auf Englisch ein wenig unterhalten zu können. Meine Sprachkenntnisse wurden zu meinem Beruf. Ich bin Deutschlehrerin am Goethe-Institut und habe auch als Übersetzerin gearbeitet. Ich fand das Unterrichten jedoch interessanter.

Ich finde, eine gemischte Ehe hat Vor- und Nachteile. Ich fühle mich irgendwie immer fremd, egal wo ich bin, andererseits hab ich durch diese gemischten Kulturen und durch unser Leben so viel gelernt und mitbekommen, dass ich mir kein anderes Leben gewünscht hätte, mein Leben ist bis jetzt wirklich sehr interessant gewesen.

Ich kenne jedoch so viele gemischte Familien, denen es nicht so erging wie uns. Die Ehe scheiterte oft nach ein paar Jahren, meistens weil sich die Eltern in Hinsicht auf die Kindererziehung nicht einigen konnten oder oft war der Grund auch religiöser Art. Viele der "binationalen Kinder" mussten unter diesen Konflikten leiden und letztendlich sah man das auch in ihrer Erziehung. Keine klare Lebensvorstellung, kein klares Ziel, oft Drogen und somit ein richtig zerrissenes Leben.

Ich habe mich nie geärgert, dass meine Familie anders ist als andere, ganz im Gegenteil. Ich bin stolz auf meine Herkunft und auf meine Familie, ich liebe sie, denn sie ist eine einzigartige Familie!

In Deutschland liebe ich die Ordnung, die Sauberkeit, das unkomplizierte Leben, doch mit den Menschen ist es nicht immer einfach! Es ist leider wirklich oft so, dass ich wegen meines Kopftuchs schief angesehen oder als Ausländerin bezeichnet werde, darum konnte ich mich bis heute in Deutschland nicht wirklich zu Hause fühlen.

Ägypten ist bis jetzt das einzige Land, wo mich die Menschen nicht als Ausländerin gesehen haben. Aber das Leben an sich ist in Ägypten nicht gerade leicht. Unordnung, Stau, keine Sicherheit, um nur einige Komponenten zu erwähnen

Wie gesagt, mich treffen wegen meines Aussehens und meiner Bekleidung, eher in Deutschland Vorurteile als in Ägypten. Vorurteile gegen den Islam, wobei man immer wieder, wenn es dann zur Diskussion kommt, merkt, wie sehr diese Menschen den Islam falsch bzw. gar nicht oder nur aus den Medien verstehen. Muslime werden als ungebildete Idioten oder Terroristen angesehen.

Ich musste einmal eine Arbeit kündigen, weil ein Kursteilnehmer zur Leiterin des Instituts ging und sagte, er würde es nicht akzeptieren, dass "so eine" wie ich ihn unterrichte. Muslime seien doch verrückt und würden ihre Frauen zu Hause einsperren. Frauen dürften nichts machen außer kochen, putzen, waschen und für Kind und Mann sorgen! Mich traf fast der Schlag!! Dass es immer noch Menschen gibt, die so über den Islam denken, wunderte mich schon sehr! Grundsätzlich streite ich nicht, ich diskutiere. Auch mit diesem Teilnehmer habe ich am selben Tag noch über den Islam geredet. Später, nach meiner Abreise, schickte er mir auf Facebook eine Freundschaftsanfrage! Ich für mich dachte nur: Was für komische Menschen es doch gibt!

Meine Herkunft hat mich bei der Wahl meines Partners nicht beeinflusst. Es war einfach ein Herzklopfen, das sich zu einer Ehe entwickelte. Wir leben in Deutschland, mein Mann ist Arzt, er ist Ägypter und wir haben einen kleinen Sohn.

Ich würde Menschen, die in der gleichen Situation leben wie ich, empfehlen, gut nachzudenken. Sie sollten beide Heimatländer und auch ihre Religion gut kennen lernen. Man muss wissen, was man für sich selber und später auch für seine Kinder möchte und man sollte sich nicht von Vorurteilen ablenken lassen!

Konzentriert euch auf euer Leben. Lebt es schön und gut, stressfrei und vor allem in Frieden!

Es klingt so einfach wie Sarah das beschreibt! Jedoch gehört sehr viel Toleranz und ein selbstbewusstes Auftreten zu dieser Lebensweise. Sarah hat es von ihren Eltern mitbekommen. Diese Familie lebt harmonisch in dem Land, welches sie sich ausgewählt hat.

Kapitel 3: Mona: In meinem Vaterland, als Erzieherin

Diese junge Frau lernte ich über Facebook kennen (es soll mir keiner sagen, dass man da nur oberflächliche Bekanntschaften macht. Ich habe da schon Einige gute Freunde gefunden, die ich sonst nie getroffen hätte!)

Mona ist sehr begeistert von ihrer zweiten Heimat Ägypten. Es gibt hier einige, die so denken wie sie. Es wäre spannend zu erleben, ob sie in zwei bis drei Jahren noch immer so denkt. Sie nimmt sich die Zeit, Ägypten näher kennen zu lernen und will auch Arabisch lernen. Hier ist nun ihre Geschichte:

Ich bin halb Ägypterin und halb Deutsche. Mein Papa ist Ägypter und kommt aus El Mohalla bei Mansoura. Meine Mama ist Deutsche und kommt aus einem kleinen Ort bei Frankfurt am Main.

Mein Vater war als junger Mann nach dem Militär nach Paris gegangen, ohne wirklich einen Plan zu haben. Soweit ich weiß wollte er einfach nach Europa um eine bessere Lebensqualität und Zukunftschancen zu haben. Er hat dann dort gekellnert.

Meine Mutter war in Paris für ein Jahr als Au Pair, dort haben sie sich kennen gelernt. Nach drei Jahren Fernbeziehung kam mein Vater nach Deutschland, hier hat er als Aushilfe gearbeitet. Er hat dann viele Deutschkurse belegt und seit langem arbeitet er in einer Chemiefirma. Momentan ist mein Papa sehr engagiert in der Flüchtlingshilfe. Er übersetzt, vermittelt und hilft wo er nur kann.

Meine Mutter hat als Apothekenhelferin gearbeitet, dann war sie lange Zeit Mutter und Hausfrau. Jetzt arbeitet sie in der Mittagsbetreuung einer Schule.

Vor 25 Jahren kamen erst meine Schwester und ein Jahr später dann ich zur Welt Wir sind beide in der Nähe von Frankfurt am Main geboren und haben unser Leben in Deutschland gelebt.

Ich machte in Deutschland eine Ausbildung zur Erzieherin und verbrachte ein Anerkennungsjahr in Barcelona. Meine Eltern besuchten mich damals in Barcelona, wo ich ein Jahr lang lebte. Dort arbeitete ich mit spanisch/deutschen Kindern, welche zweisprachig aufwachsen, was ich sehr positiv finde.

Seit August 2015 arbeite ich in einer deutschen Einrichtung in Kairo als Erzieherin und konnte mir somit meinen Traum verwirklichen, den Alltag in Ägypten zu erleben und nicht immer nur zum Urlaub nach Ägypten zu fahren.

Eine Mischehe bzw. ein interkulturelles Aufwachsen von Kindern empfinde ich als sehr vorteilhaft. Ich selbst wurde sehr offen und interkulturell erzogen und bin stolz darauf, halb Deutsche, halb Ägypterin zu sein.

Mein Papa und ich waren jedes Jahr in Ägypten zum Urlaub. Ich fühlte mich von Anfang sehr zu Ägypten hingezogen. Schon seit ich klein war, habe ich mich für das Land, die Kultur und für meine ägyptische Familie interessiert.

Das Thema Religion war in unserem Leben eher unwichtig. Meine Mutter ist Christin und mein Vater Moslem. Meine Eltern haben mich taufen lassen. In späteren Jahren habe ich nachgefragt, warum sie mich getauft haben, daraufhin antwortete meine Mutter, sie wollte mir so einen Gefallen tun und mein Leben in Deutschland leichter und vorurteilsfreier gestalten. Damit hatte sie auch Recht und zu dieser Zeit war es besser. Somit konnte ich mit meinen Freunden den Religionsunterricht besuchen, war jedoch oft eher verwirrt in Bezug auf das Thema Religion und habe im Teenageralter damit begonnen, mich sowohl für den Islam, als auch für das Christentum mehr zu interessieren und mir Informationen einzuholen. In Deutschland bin ich Christin und in Ägypten bin ich Moslem. Im Islam ist es automatisch ja so, dass, wenn der Vater Moslem ist, die Kinder es auch sind. Das Thema Religion ist etwas schwer für mich und ich hoffe, dass ich in den nächsten Jahren (m)einen klaren Standpunkt und Meinung zu diesem Thema finden werde.

Leider bin ich von Kindes Beinen an nur mit der deutschen Sprache aufgewachsen. Ich bin darüber traurig, dass mein Vater mir die arabische Sprache nicht beigebracht hat. Deswegen mache ich ihm auch Vorwürfe, dass er sich dafür keine Zeit genommen hat oder keine Geduld hatte. Denn ich finde, es ist das Schönste auf der Welt, wenn das eigene Kind die Sprache seiner Eltern sprechen kann. Leider bemerkt er erst jetzt, dass das wirklich ein großer Fehler von ihm war. Dies ist zudem auch ein wichtiger Grund, warum ich ab August nach Kairo gehen werde.

Trotzdem bin ich sehr stolz auf meinen Vater, welcher nun seit ca. 30 Jahren in Deutschland lebt. Meine Eltern leben gemeinsam in unserer Wohnung, 45 Minuten von Frankfurt am Main entfernt. Mein Vater engagiert sich sehr in der Flüchtlingsarbeit, beteiligt sich an interkulturellen Festen in der Umgebung und macht Übersetzungsarbeit.

Er fühlt sich wohl in Deutschland, er hat viele Kontakte und ist sehr hilfsbereit. Ich finde es bemerkenswert, dass mein Papa allein nach Europa gekommen ist, vor vielen Jahren und sich hier ein gutes Leben aufgebaut hat. Er engagiert sich sehr in Deutschland und ist für alle da und gibt immer sein Bestes. Er weiß, dass seine Entscheidung gut war, nach Deutschland zu kommen, da er hier ein besseres Leben führen und mehr Geld verdienen kann. Ich weiß selbst (aufgrund meines Aufenthaltes in Barcelona), wie schwer es ist, alleine ins Ausland zu gehen und sich dort ein Leben aufzubauen.

Dennoch stelle ich immer wieder fest, wie sehr mein Vater in südlichen Ländern aufblüht. Ich weiß, dass er seine Heimat vermisst und sich auch sehr darüber freut, dass ich jetzt nach Kairo gehe. Ich weiß auch, dass er beabsichtigt, sich eine kleine Wohnung in Ägypten zu kaufen, wenn er in Rente geht. Dann will er in den Sommermonaten in Deutschland sein und den Rest des Jahres in Ägypten verbringen.

Ich habe die deutsche Staatsangehörigkeit, doch in Ägypten liegt meine ägyptische Geburtsurkunde und mein Papa will demnächst auch meinen ägyptischen Pass machen lassen.

Einiges stört mich in Deutschland an den Charakteren vieler Menschen wie zum Beispiel: Die Undankbarkeit, die Kühle und Unnahbarkeit der Menschen.

In Ägypten habe ich oft erfahren, was Freundschaft bedeutet, nämlich die Zwischenmenschlichkeit und die Herzlichkeit. Dieser liebevolle, herzliche und hilfsbereite Umgang fehlt mir oft bei den Menschen in Deutschland.

In Ägypten bezaubert mich die Kultur, das Essen, die Menschen und vieles mehr. Ich hatte schon immer den Wunsch ins Ausland zu gehen, somit ist mir das Auslandsjahr in Barcelona auch leicht gefallen. Weshalb es mir schon immer so ging, kann ich selbst schwer erklären.

Meine Mutter hat noch zwei Geschwister. wovon die eine Schwester, also meine Tante, auch zwei Kinder hat. Wir haben meine Verwandten an Festlichkeiten gesehen und manchmal mit ihnen telefoniert. Der Kontakt war sehr freundlich, aber ich persönlich hatte nicht oft Kontakt mit allen. (Ich habe in Deutschland (auch im Freundeskreis) festgestellt, dass der Kontakt in deutschen Familien nicht immer so eng ist wie in arabischen Familien.

Es macht mich traurig, dass in Deutschland das Thema Ägypten / Islam / Terror immer wieder in einen Topf geworfen wird, ohne genau zu überlegen, was Ägypten, Islam oder Terror ist und dass es gar nicht zusammen gehört.

Am Anfang waren wir oft als Familie alle vier zusammen in Ägypten bei der Familie meines Vaters. Doch für meine Mutter war dieser Urlaub immer sehr anstrengend und nicht erholsam. Zudem hatte sie Probleme mit dem Fliegen, und deshalb sind mein Vater und ich dann oft alleine geflogen. Meine Schwester hat kaum Bezug zu diesem Land und der ägyptischen Familie. Warum das so ist kann ich auch nicht sagen, da wir wenig darüber sprechen. Ich war eigentlich jedes Jahr in Ägypten mit meinem Papa bei der ägyptischen Familie und wir haben immer eine Rundreise gemacht, um alle Mitglieder der Familie zu sehen. Natürlich war es immer anstrengend, aber ich fand, dass es sich lohnte. Jedes Mal wenn ich im Urlaub in Ägypten war, musste ich fast weinen, wenn meine Familie mich am Flughafen empfangen hatte. Sie waren immer sehr herzlich, manchmal zu herzlich, aber ich habe mich in den drei Wochen Urlaub sehr zu Hause gefühlt.

Deshalb kann ich nur wiederholen, wie sehr ich mich auf das Leben in Kairo freue und ich bin wahnsinnig stolz auf meine Familie und freue mich, sie bald länger zu sehen.

(Inzwischen ist es März 2016 und Mona lebt seit August 2015 in Kairo, wo sie in einer deutschen Kinderkrippe als Erzieherin arbeitet. Ihre Erfahrungen in Kairo hat sie selbst so beschrieben):

Ich bin sehr glücklich hier, die Arbeit macht mir Spaß, dennoch ist es auch sehr anstrengend, da ich die stellvertretende Leitung in der deutschen Kinderkrippe habe: die eigentliche Leiterin ist nämlich schwanger. Es ist eine tolle Erfahrung für mich, vor allem zu sehen, wie unterschiedlich die Erziehungsstile und die Erwartungen der Eltern hier sind.

Am Anfang war es komisch für mich in Ägypten, weil doch viele Leute mich anschauen, aber nie etwas Aufdringliches sagen oder tun... höchstens mal kurz und leise ein Kompliment machen, ich habe mich daran gewöhnt. Die Menschen und deren Lifestyle hier sind sehr modern.

In Ägypten habe ich am meisten Kontakt mit zwei Cousinen und einer Großcousine, welche in meinem Alter ist. Wir sehen uns etwa alle zwei Wochen. Den Rest der Familie erlebe ich oft in Facebook und gelegentlich in Kairo live... aber es leben nicht alle hier und ich wohne auch etwas außerhalb. Ich habe eine sehr große Familie hier, wozu ich auch Freunde meiner Familie zähle.

In Ägypten reise ich zur Zeit sehr viel, da es einfach wunderschöne Orte hier gibt und man dabei viele nette Menschen kennen lernt. Ich merke von Tag zu Tag, dass Ägypten immer moderner und offener wird.

Negative Punkte, die mir momentan auffallen, sind einmal die ärztliche und hygienische Versorgung, die oft zu wünschen übrig lässt, und der Unterschied zwischen extrem reich und extrem arm. Eine Mittelschicht gibt es selten. In Ägypten kann man super leben wenn man Geld hat!

Ende März kommen meine Eltern zu Besuch und ich freue mich sehr darauf. Ich bin gespannt, was meine Mutter zu dem neuen und modernen Ägypten sagen wird. Wie werde ich ihr beibringen, dass ich noch etwas bleiben möchte? Keiner kann sagen, wie lange ich hier bleibe oder ob ich vielleicht noch einen Neustart in einem anderen Land probiere, aber für die nächsten zwei bis drei Jahre sehe ich mich noch in Kairo.

Ich bin sehr von der Kultur und den Menschen beeindruckt und freue mich, längere Zeit in meiner zweiten Heimat wohnen zu dürfen. Auch das Thema Männerwahl ist sehr von meiner Herkunft abhängig, da ich mir in der Zukunft einen arabischen Ehemann wünsche und auch in der Vergangenheit schon an arabischen Männern interessiert war.

Zum Abschluss möchte ich noch einmal betonen, dass Ägypten meine Heimat ist und ich wahnsinnig stolz auf meinen Papa und meine Nationalität bin. Das Land und die Menschen sind wundervoll und es kann einem Kind nichts

Besseres passieren, als interkulturell und bilingual aufzuwachsen.

So, das ist doch mal eine eindeutige Aussage zu dem Thema interkulturelle Familie. Mona (das ist übrigens der häufigste Mädchenname in Ägypten) liebt Ägypten und ist sehr stolz auf ihre Herkunft. Ihre Schwester dagegen hat mit Ägypten nicht viel zu tun! Es ist wohl so, es gibt beides, schließlich werden die Gene auch nicht 50 zu 50 weitergegeben. Einer hat mehr von seinem Vater, einer von seiner Mutter. Es wäre sicher interessant zu wissen, wie sich Mona in einigen Jahren äußert!

August 2016

Ich habe beschlossen vorerst in Kairo zu bleiben und arbeite seit August als Gruppenleitung in dem Kindergarten der deutschen Europa-Schule in New Cairo.

Kapitel 4: Karim : zwischen Österreich und Ägypten

Karim ist der Sohn einer Freundin aus dem Internet. Seine Mutter schlug ihm vor, bei meinem Projekt mitzumachen. Ich freue mich ganz besonders über diesen Beitrag eines jungen Mannes. Leider sind nicht viele Männer so kommunikativ wie er. Auch hier habe ich viele Teile aus seiner Erzählung fast unverändert übernommen.

Meine Eltern lernten sich kennen, als meine Mutter – sie ist Österreicherin - im Dezember 1996 Urlaub in Hurghada am Roten Meer machte. In dieser Zeit arbeitete mein Vater im Hotel Shedwan Golden Beach, in dem meine Mutter gebucht hatte. Sie lernten sich dort kennen und lebten zu Beginn ihrer Beziehung noch jeder in seinem Land. 1998 übersiedelte mein Vater nach Wien und meine Eltern heirateten dort.

Ich wurde in Wien geboren und habe noch eine jüngere Schwester. Wir leben alle in Wien. Mein Vater arbeitet jetzt am Flughafen in Wien/Schwechat als Fahrer, meine Mutter beim Arbeitsmarktservice als Teamleiterin.

Von Anfang an sprach mein Vater mit uns Kindern Arabisch. So sind wir zweisprachig aufgewachsen. Wir gingen auch in eine arabische Schule und lernten lesen und schreiben. Ich bin darüber sehr froh, denn so kann ich mich in beiden Ländern richtig zu Hause fühlen. In der Familie spreche ich mit meinem Vater Arabisch, mit meiner Schwester und meiner Mutter Deutsch.

Für uns ist die Religion (Islam) sehr wichtig, die ganze

Familie ist muslimisch und wir leben auch nach diesem Glauben. Meine Mutter trägt kein Kopftuch, nur wenn wir im Dorf meines Vaters sind, dann tut sie es aus Respekt vor den anderen.

Wir machen jedes Jahr zweimal Urlaub in Ägypten, wo wir die Familie meines Vaters besuchen. Ich habe dort meine Großeltern und die Schwester meines Vaters, meinen Cousin Ahmed, der wie ein großer Bruder für mich ist, und dann noch viele Onkel, Tanten und Kinder im Dorf.

Wir haben ein sehr gutes Verhältnis zur Familie, ich bin auch immer sehr gerne bei ihnen. Meiner Schwester geht es ebenso. Unsere ägyptische Familie freut sich immer sehr, wenn wir auf Besuch kommen.

Als meine Eltern heirateten, war die Familie in Österreich nicht begeistert. Die Großeltern meiner Mama waren schon sehr skeptisch, daher war der Opa auch nicht bei der Hochzeit dabei. Auch die Eltern meiner Mama waren am Anfang nicht so ganz begeistert, aber meine Oma (Mama von Mama) hat ihnen sehr viel geholfen. Mein Uropa (Opa von Mama) wurde später sogar ein sehr guter Freund von meinem Papa und auch meine Uroma hat ihn – Papa - dann sehr gemocht. Es hat sich danach alles zum Guten gewendet, als sie meinen Vater kennen lernten und sahen, was für ein Mensch er ist.

Ich liebe die Unterschiede der beiden Länder, die Kultur, das Essen, die Mentalität und natürlich auch das Wetter. Durch meine Herkunft bin ich in beiden Ländern zu Hause. Ich wurde auch nie wegen meiner Herkunft diskriminiert, das liegt vielleicht daran, dass wir in einer

Gegend leben, wo es viele Migranten bzw. Kinder mit Migrationshintergrund gibt. Ich finde auch, dass meine Eltern sich immer sehr gut der Umgebung angepasst haben, mein Vater in Österreich und meine Mutter in Ägypten.

Vorurteilen begegne ich meistens mit Fragen und konstruktiven Gesprächen, denn die Menschen, die jemanden einfach schlecht beurteilen, ohne seinen Hintergrund zu kennen, sind einfach nur dumm oder nicht informiert. Zum Beispiel: Ein Mädchen kommt plötzlich immer mit einem Kopftuch in die Schule. Ein paar Lehrer denken, dass sie dazu gezwungen worden und daher unzufrieden sei. Das Mädchen wird darauf angesprochen, doch sie sagt, dass es ihre persönliche Entscheidung sei und dass niemand sie dazu gezwungen habe. Dieses Beispiel zeigt, dass es immer gut ist, über alles offen zu reden. Also, wenn ich Vorurteilen begegne, dann versuche ich, die Wahrheit herauszufinden und Probleme zu lösen.

Zur Zeit bin ich noch Schüler, besuche eine technisch-spezialisierte Schule, names HTL (Höhere Technische Lehranstalt), Fachbereich IT/Informationstechnologie. Die Frage, ob ich in Zukunft lieber in Österreich oder Ägypten leben möchte, habe ich mir schon manchmal gestellt. Eigentlich spricht nichts dagegen, in Ägypten zu leben. Aber zum momentanen Zeitpunkt wohl eher nicht, wegen des Schulsystems, welches in Österreich besser ist und mir somit mehr Möglichkeiten bietet. Später einmal möglicherweise, doch dies hängt sehr von den Berufschancen innerhalb Ägyptens ab. Sonst gerne, da ich einerseits die Sprache sehr gut beherrsche und ich mich in dem Land auch wohlfühle.

Als Sohn aus einer „gemischten“ Ehe kann ich sagen, dass eine gemischte Ehe kein Problem darstellt, weil nicht die Herkunft einen Menschen ausmacht, sondern sein Charakter. Durch die Begegnungen zweier Kulturen habe ich gelernt, andern Menschen ohne Vorurteile zu begegnen.

Ich bin zufrieden mit meiner Herkunft, es ist mein Schicksal, dass ich so bin wie ich bin. Ich kann mich auch nicht beschweren, bin glücklich, dass ich so leben kann, wo immer dies auch ist, respektive zukünftig sein wird (Österreich oder Ägypten).

Diese zwar etwas kurze, aber doch interessante Geschichte hat mich beeindruckt. Wenn man das Alter dieses Jungen weiß (er ist erst 16 Jahre!), ist man erstaunt über die Reife und Vernunft, sein eigenes Schicksal so zu reflektieren. In diesem Fall haben wohl die Eltern alles richtig gemacht. Der Vater hat den Kindern in Österreich seine Kultur nahe gebracht und dafür gesorgt, dass die Kinder seine Sprache lernten. Das machen leider nicht viele Ägypter, wenn sie im Ausland leben. Und beide Eltern haben ihre Kinder zu Toleranz erzogen. Ich wünsche Karim, dass er sein Leben so glücklich gestalten kann, wie er es sich vorstellt!

Kapitel 5: Nina Maleika: eine deutsch-ägyptische Künstlerin

Nina traf ich zum ersten Mal in Luxor beim „Deutschen-Stammtisch". Sie ist eine zierliche, dunkelhaarige, sehr hübsche Frau, offen und neugierig. Nachdem ich erfahren hatte, dass ihr Vater Ägypter ist, erzählte ich ihr von meinem Projekt und sie war gleich bereit, mir ihre Geschichte zu erzählen. Sie erzählte mir, sie sei Sängerin und auch schon in Ägypten aufgetreten. Ich kannte sie nicht, inzwischen weiß ich aber, dass sie eine ziemlich bekannte Persönlichkeit ist. Ich habe im Internet "gegoogelt" und war beeindruckt von ihrem Erfolg.

Wir haben dann ein langes Telefongespräch geführt und ich konnte alle Fragen stellen, die sie mir freimütig beantwortete. Anschließend haben wir noch einige Male telefoniert. Hier ist nun ihre Geschichte:

Meine Eltern lernten sich Ende der 70er Jahre in Hamburg kennen. Mein Vater war als ganz junger Mann aus Kairo gekommen. Die näheren Umstände weiß ich nicht. Es muss irgendetwas vorgefallen sein, denn er ist danach nie mehr nach Ägypten zurückgekehrt. In Hamburg war er in der Gastronomie tätig. Er hatte später sein eigenes Lokal, in welchem Musiker auftraten. Damit war er ziemlich erfolgreich. In diesem Restaurant verkehrte auch meine Mutter, dort lernten meine Eltern sich kennen.

Meine Mutter kommt eigentlich aus Bayern und arbeitete in Hamburg als Sekretärin. Sie und mein Vater hatten eine kurze Affäre. Als meine Mutter dann schwanger wurde, wollte mein Vater nichts von einem Kind oder gar einer Familie wissen. 1981 wurde ich geboren. Die

Trennung meiner Eltern verletzte meine Mutter sehr. Deshalb wollte sie danach auch nicht, dass mein Vater mit mir Kontakt hat So bin ich nur mit meiner Mutter aufgewachsen.

Sie war sehr liberal, unkonventionell und ich wurde sozusagen “antiautoritär“ erzogen. Für mich war das kein Problem, ich liebte meine Mutter, und solange sie da war, stimmte für mich die Welt. Leider hatte meine Mutter einige schlechte Angewohnheiten. Sie war nicht nur Alkoholikerin, sondern auch eine starke Raucherin. Sie verstarb im Alter von 42 Jahren an Lungenkrebs. Ich habe lange gebraucht, um über ihren Tod hinwegzukommen; diese Zeit war für mich sehr schlimm gewesen. Im damaligen Alter von 10 Jahren, hätte ich sie noch sehr gebraucht.

Meine Mutter war ganz anders, als andere Mütter: Spiele oder Beschäftigungen, wie zusammen backen, gab es nie, nur manchmal gingen wir in einen Park oder zum Schwimmen. Ballett- und Musikunterricht oder ähnliches gab es bei uns nicht. Dafür gab es jede Menge Parties mit vielen Menschen - und Alkohol. Meine Mutter redete mit mir wie mit einer Erwachsenen, obwohl ich doch noch ein Kind war. Die Rollen waren irgendwie vertauscht. Ich kümmerte mich um sie und passte auf sie auf, anstatt sie als Mutter auf mich.

Lange hat sie wahrscheinlich die Krankheit verdrängt, meiner Meinung nach ging sie viel zu spät zum Arzt. Wenn ich heute daran zurück denke, glaube ich, dass meine Mutter schwer depressiv war. Solche Krankheiten wurden damals nicht behandelt. Warum sie so war, ist mir nicht bekannt. Sie hatte viel Schweres erlebt, viele

Enttäuschungen hinter sich. Eine sehr große war sicher auch die Geschichte mit meinem Vater, und deshalb wollte sie auch nicht, dass ich Kontakt mit ihm hatte.

Die Depression meiner Mutter führte sie nicht zum Selbstmord, aber sie kümmerte sich nicht oder zu wenig um ihre Gesundheit, und auch als es ganz schlimm wurde, hat sie nicht wirklich gekämpft. Auch der Gedanke an ihr Kind hat sie nicht davon abgehalten auf ihre eigene Weise den Tod einfach zuzulassen. Der ganze Prozess ihrer Krankheit verlief über mehrere Jahre und für mich war das ein einziger Albtraum. Ich kann mich an diese Zeit zwar erinnern, jedoch nicht an das Gefühl von damals. Das habe ich wohl verdrängt, um weiterleben zu können. Es ist, als hätte jemand anderer das alles erlebt.

Nach dem Tod meiner Mutter wurden meine deutschen Verwandten gefragt, ob sie für mich sorgen könnten. Doch da fand sich niemand bereit, und so blieb der wenige Kontakt, den ich vorher mit den Verwandten hatte, langsam ganz auf der Strecke. Seit ich 15 Jahre alt war, ist der Kontakt nun ganz abgerissen. Das Verhältnis meiner Mutter zu ihren Verwandten war vorher schon nicht so gut. Ich erinnere mich an einige Besuche, aber es war eigentlich alles ziemlich oberflächlich.

Also kam ich in eine Pflegefamilie. Vorher wurde mein Vater noch vom Jugendamt gefragt, ob er für mich sorgen könne. Er lehnte ab und das Jugendamt sah auch keine andere Möglichkeit, so blieb nur die Pflegefamilie. Es waren Bekannte meiner Mutter, sie selbst hatte das so bestimmt. Es waren gute Menschen, jedoch sehr konservativ. Das Gegenteil von meiner Mutter, die selbst zwar katholisch war, aber sehr liberal. Hier in der

Pflegefamilie gab es nun starre Regeln, die man zu befolgen hatte. Ich war sehr unglücklich in dieser Zeit und es fiel mir schwer, mich anzupassen. Dementsprechend hatte ich auch Probleme in der Schule. Nach vier Jahren kam ich dann in eine andere Pflegefamilie, weil ich mit dieser ersten Familie einfach nicht zurechtkam, und da wurde alles schlagartig besser.

Meine Schule hatte ich nach der Realschule, nach der zehnten Klasse, abgeschlossen. Schon als Kind hatte ich Sängerin werden wollen, was natürlich von der ersten Pflegefamilie und der Schule als Spinnerei und "Flausen im Kopf" abgetan wurde. Mit 10 Jahren schwärmte ich für Mariah Carey. Ich hörte alle ihre Songs und versuchte, alles nachzusingen. Mit 15 Jahren überzeugte ich meine Pflegefamilie, ich durfte endlich Gesangsunterricht nehmen! Ich erinnere mich daran, wie glücklich ich damals war. Damals hatte ich große Hoffnungen, ich sah alles vor mir und freute mich darauf, meine Pläne zu verwirklichen.

Ich erhielt dann eine mehrjährige Gesangs- und Schauspielausbildung im Gesangsstudio Vocalis und bei Johannes Schaefer an der Gesangsschule Chansonerie in Hamburg. Mit 16 Jahren gründete ich meine erste eigene Band. Mit 20 Jahren begann ich dann eine klassische Gesangsausbildung. Kurz vor dieser Ausbildung hatte ich zum ersten Mal Kontakt mit meinem Vater. Er wurde vom Jugendamt vorgeladen, da es darum ging meine Ausbildung zu finanzieren.

Dies war das erste von einigen Treffen, die immer im Abstand von einigen Jahren stattfanden. Er – mein Vater - gab mir die Hand, aber es gab keine Umarmung, gar nichts Herzliches. Leider gelang es mir nicht, mit meinem Vater einen wirklichen Kontakt aufzubauen, da ich das Gefühl hatte, dass er einfach überhaupt nicht an mir interessiert war. Ich bedauerte das sehr, ich hätte ihn zu dieser Zeit gebraucht. Einfach als Bezugsperson, als Ratgeber, als jemand, an den ich mich wenden könnte. Warum er so abweisend, ja fast agressiv, mir gegenüber reagierte, verstehe ich bis heute nicht. Er empfindet alles, was ich tue, als negativ. Ihm gefällt Deutschland nicht und Ägypten findet er noch viel schlimmer. Als ich ihm vorschlug, einmal mit mir nach Ägypten zu reisen, lehnte er das strikt ab. Er wollte das nicht und verbot mir, dass ich allein dort hinfliege.

Natürlich setzte ich dann doch meinen Kopf durch und so flog ich allein - mit 20 Jahren - zum ersten Mal nach Ägypten. Ich wollte das Land sehen, aus dem mein Vater stammt. Leider weiß ich so gar nichts von seiner Familie. Ich hätte gerne die Familie meines Vaters kennen gelernt und nachgeforscht, was es mit deren Geschichte auf sich hatte. Und dass etwas vorgefallen war, davon bin ich seither noch mehr überzeugt. Irgendwann werde ich mich auf die Suche nach ihnen machen. Ich hoffe es wird mir gelingen, die Familie meines Vaters in Kairo zu finden.

Meine Ausbildung wurde über Bafög finanziert. Ich studierte nicht nur klassischen Gesang sondern auch Jazz, nahm Tanzunterricht.

Von 2005 bis 2006 besuchte ich das Norddeutsche Tanztheater bei Rotraut de Neve und absolvierte dort die Zusatzqualifikation YOP Year of Performance und schloss meine Ausbildung mit dem Zertifikat CPT (community performance teacher) ab.

Seit ich zwanzig bin habe ich immer gearbeitet, zuerst gekellnert und andere Gelegenheitsjobs gemacht. Später bin ich dann mit Gruppen aufgetreten, langsam wurde ich bekannt. Es gab immer mehr Anfragen, u.a. auch als Backgroundsängerin. Später oft als Sängerin mit verschiedenen Gruppen. Seit ich 25 war konnte ich meinen Lebensunterhalt als Sängerin bestreiten, worauf ich sehr stolz bin. Nachdem meine gesamte Umwelt, Schule und Pflegefamilie mir das nicht zugetraut hat, bin ich doch meinen Weg gegangen und habe das verwirklicht, wovon ich schon als Kind geträumt hatte.

Eine andere Sache, die mir auch viel Freude macht, ist das Unterrichten von Kindern. Ich gebe regelmäßig Unterricht an einer Musikschule. Auch wenn ich Verpflichtungen habe, versuche ich immer diese Termine freizuhalten.

Meine erste Reise nach Ägypten machte ich mit 20 Jahren. Ich war ohne Vorurteile, von meiner Mutter habe ich eine liberale Einstellung übernommen. Ich denke oft an sie, wenn ich im Zweifel bin. Wie hätte sie jetzt entschieden, was hätte sie gesagt. Ich vermisse sie einfach sehr, auch heute noch.

Ich flog damals nach Hurghada und von dort reiste ich auch nach Luxor. Ich lernte einige nette Menschen kennen. Vor allem ein Reiseführer wurde mein Freund und damit meine ich wirklich Freund, nicht Liebhaber. Ich stehe noch heute mit ihm in Kontakt, obwohl er jetzt mit seiner Familie in England lebt. Durch ihn lernte ich Ägypten kennen, das wirkliche Ägypten, nicht nur das touristische Hurghada. Mich haben am meisten die Menschen beeindruckt und die Landschaft, der Nil und diese

Stimmungen bei Sonnenuntergang. Manchmal saß ich einfach nur da und ließ alles auf mich wirken und zum ersten Mal in meinem Leben empfand ich Ruhe und Geborgenheit.

Ich habe natürlich auch alles besichtigt, was man dort sehen kann. Es ist aber so, dass mich die alte Geschichte Ägypten gar nicht so sehr interessiert. Mich faszinieren viel mehr die Menschen, die Herzlichkeit und Gastfreundschaft mit der sie mir begegnen. Ich hatte immer nur gute Erfahrungen. Klar wurde ich manchmal auch von jungen Männern "angemacht", aber es gelang mir immer sehr schnell, sie zur Vernunft zu bringen. In Ägypten gefällt mir besonders der lockere Umgang der Menschen mit vielen Dingen und der familiäre Zusammenhalt.

Da ich meinen Vater kaum gesehen habe, hatte ich von ihm auch keine Information über den Islam erhalten. Mit 22 Jahren bin ich auch aus der Kirche ausgetreten, denn schon lange zuvor war ich überzeugte Atheistin. Religion ist für mich absolut nicht relevant. Für mich ist es viel wichtiger, was für ein Mensch jemand ist und wie er sich zu seinen Mitmenschen verhält. Arabisch konnte ich natürlich auch nicht lernen, was ich sehr schade finde. Ich fühle mich Ägypten so verbunden und kann die Sprache nicht sprechen. Ich möchte unbedingt Arabisch lernen!

Inzwischen bin ich oft in Ägypten gewesen und habe Freunde dort. Auch bin ich schon einige Male dort aufgetreten, was mir besondere Freude bereitet. Leider sind die Zustände dort wirtschaftlich schwierig und so kann ich nicht oft dort auftreten, schließlich muss ich meinen Lebensunterhalt verdienen. Ich bin in letzter Zeit oft unterwegs und genieße das sehr.

Da mein Aussehen nicht unbedingt arabisch ist, wurde ich in meinem Leben nie diskriminiert. Ich bin aber stolz auf meine Herkunft. Wenn ich sage, dass ich Halb-Ägypterin bin, sind die Menschen beeindruckt. Ich genieße sozusagen einen Exotenstatus und finde das sehr schön.

Ich sage immer klar meine Meinung und berichte von meinen Erfahrungen, ich habe selber eine starke Streitkultur etabliert und kann schnell emotional bei gewissen Themen werden, wenn es um Vorurteile etc. geht.

Obwohl ich durch meinen Vater keinerlei Verbindung nach Ägypten habe, fühle ich doch, dass dieses Land eine Art Heimat für mich ist. Es ist ein Land, in dem ich sehr gern bin und die Menschen dort sind für mich etwas ganz Besonderes. Die Aussage: "Ich liebe Ägypten" gilt für mich ebenso wie für viele andere Menschen. Dieses Land hat etwas magisches, es zieht mich in seinen Bann. Ich hoffe sehr, dass ich in Zukunft noch viel mehr Zeit dort verbringen kann und dass es mir irgendwann gelingen wird, die Familie meines Vaters kennen zu lernen.

Was mich bei dieser Geschichte besonders beeindruckt, ist Ninas Einstellung zum Leben. Obwohl sie in ihrer Jugend Schweres erlebt hat, ist sie keineswegs verbittert oder neidisch auf andere Menschen. Nina hat ihr Leben selbst in die Hand genommen, sie trifft ihre Entscheidungen und geht immer mit positiven Gefühlen an neue Herausforderungen heran. Ich wünschte mir, es gäbe mehr solche positiven Menschen ohne Vorurteile und mit dieser liberalen Einstellung!

Hier habe ich auf Ninas Facebook Seite einen schönen Text gefunden, den ich hier noch anhänge. Sie hat ihn nach einem Konzert gepostet. Er spricht für sich selbst.

Warum singe ich? Heute wurde es mir wieder sehr bewusst: Nach dem Gig kam eine 87 jährige alte Dame zu uns und sagte: 'Dass ich das noch erleben darf'. Eine andere Frau sah uns mit Tränen in den Augen an: 'Ich möchte mich bei Ihnen bedanken für diesen wunderschönen Abend, ich muss gleich anfangen zu weinen!‘ Das sind die Momente, wo ich so genau weiß, warum ich das hier tue. Und so steht man Arm in Arm mit den Zuschauern für Fotos zusammen und umarmt innerlich die Welt. Ich bin sehr glücklich und dankbar! Gute Nacht Welt! (Originaltext Nina Maleika)

Kapitel 6: Ramona: Mein Vater war ein ägyptischer Ringer

Ramona hatte sich aus dem Internet bei mir gemeldet. Ihre Geschichte ist lustig und traurig zugleich. Ihre Liebe zu Ägypten ist wie bei allen anderen deutlich zu spüren.

Mein Vater Salah ist Ägypter, geboren 1955 in Alexandria und aufgewachsen in Kairo. Er war in Ägypten ein bekannter Sportler (Ringer) u.a. ägyptischer Meister. Bei der Olympiade 1972 in München war er dabei, aber nach den Anschlägen wurde das Ringen nach drei Kämpfen abgebrochen. Mein Vater hatte Flugzeugbau für das Militär studiert, hat das aber nicht ausgeübt. Er machte dann in der Schweiz eine Ausbildung zum Techniker. Sein Vater hatte eine Firma für Limousinen und Transport in Kairo. Mein Vater hat dort auch gearbeitet (die Firma „Briba Car" in Kairo el Doqqi für die Organisation und als Fahrer. Für touristische Ausflüge zum Beispiel wie die Botschaft und den König von Saudi Arabien.

Mein Vater hatte einmal an Silvester ein Erlebnis mit Omar Sharif, als er ihn vom Flughafen abholte. Bei ihm war eine hübsche blonde Frau. Omar Sharif war traurig und als mein Vater ihn fragte, wieso ein erfolgreicher Mann so traurig sein könne, entgegnete er: „Ach Junge, was nützt mir all der Erfolg und Reichtum, wenn mich keiner meiner Familie und Freunde am Flughafen erwartet und jetzt musste ich euch anrufen."

Meine Mutter war Deutsche, geboren 1951 in Schrobenhausen, in Bayern, wo der berühmte Spargel herkommt (übrigens auch der Geburtsort des Künstlers Franz von Lenbach).

Papa arbeitete für die Firma seines Vaters und eines Tages (es war 1977) kam Dr. Bauer mit einem ägyptischen Ingenieur in Opas Büro. Dr. Bauer war der Besitzer der international bekannten Firma Bauer Tiefbau in Schrobenhausen, wo auch der Hauptsitz liegt. Niederlassungen gibt es auch in Kairo. Sie wollten ein Auto mieten. Mein Vater konnte damals schon Deutsch (er hatte es am Goethe Institut für damals 10 Pfund im Monat gelernt). Er hat das Gespräch mitbekommen und mit den Herren geredet. Diese waren froh, dass mein Vater Deutsch sprach und boten ihm an, er solle doch ein paar Tage mitkommen als Fahrer und Dolmetscher. Am Ende dieser Tage bekam er ein Angebot, dass er und noch zwei andere Ägypter für ein Jahr bei der Firma Bauer Tiefbau in Deutschland arbeiten könnten. Mein Vater hat das nicht so ernst genommen und als Witz meinte er: „Ich nehme das Angebot gerne an, doch nur wenn drei Monate Lohn vorausbezahlt werden." Eines Tages wurde es aber ernst und er bekam einen Brief mit Ticket, Check und Visum, so hat es mein Vater erzählt.

Als mein Vater dann in Schrobenhausen lebte, sich ein wenig eingelebt hatte, ging er eines Tages zur Post, da er seiner Mutter einen Brief schicken wollte. Er hörte plötzlich eine Frau laut schimpfen: „Haut ab, lasst mich doch endlich in Ruhe!"

Als mein Vater hinsah, traute er seinen Augen nicht: Da stand eine Frau und wirbelte in voller Rage mit ihrer Handtasche hin und her. Sie wollte damit die drei Männer abwehren, die sie belästigten. Mein Vater ging dazwischen und diplomatisch wie er nun einmal ist, hat er die Herren zunächst höflich darum gebeten, die Frau doch bitte in Ruhe zu lassen. Da aber gingen die drei auf meinen Vater los. Tja, man soll sich halt nicht mit einem Ringer anlegen! Mit ein paar Tricks sind die Drei nur noch durch die Luft geflogen. Die Dame (die dann später meine Mutter wurde) hat sich mehrmals bei meinem Vater bedankt und verabschiedet.

Zwei Tage später war mein Vater in in seiner Mittagspause in Schrobenhausen in einem Café, als er zufällig meine Mutter mit ihrer fünfjährigen Tochter wiedersah. Meine Mutter war damals schon Witwe und hatte zwei Kinder. Sie winkte verlegen herüber und lächelte meinem Vater zu. Da mein Vater schon seinen Kuchen aufgegessen hatte, hat meine Mutter heimlich seine Rechnung bezahlt. Da das in Ägypten nie der Fall ist, hat mein Vater sich geschämt und wollte ihr das Geld dafür geben. In Ägypten ist so etwas nicht „gentleman like"! Doch meine Mutter bestand darauf und meinte, das war ein Dankeschön weil er ihr damals geholfen hatte.

So lernten sich die Beiden kennen und lieben und haben dann 1980 geheiratet. Die zwei Kinder aus der ersten Ehe meiner Mutter wurden selbstverständlich in die Familie integriert. Danach wurde ich geboren, so waren wir eine glückliche Familie mit drei Kindern.

Es hätte so schön sein können, doch leider gab es 1986 (ich war fast vier Jahre alt) ein tragisches Ereignis.. Wir waren zum Baden an einem See. Mamas Freundin schwamm voraus und wir haben ihr zugewinkt. Meine Mutter und ich spielten fröhlich im Wasser. Sie sah mich an und meinte, weil ich schon so blaue Lippen hatte, dass ich doch zu Papa auf der Decke spielen gehen solle. Meine Mutter wollte noch etwas raus schwimmen und ich solle ihr doch vom Ufer aus zuwinken.

Ich ging dann raus zu Papa und kaum drehte ich mich um, war sie schon nicht mehr zu sehen! Wir waren sehr aufgeregt und haben unendlich lange gewartet bis die Rettungsmannschaft (Taucher) nach ungefähr sechs Stunden ihre Leiche fand. Man sagte uns, dass sie wahrscheinlich einen Herzinfarkt hatte.

So war mein Vater nun alleinerziehend und hat für meinen Bruder (damals 16) und meine Schwester (damals 14) nach einigen Kämpfen das Sorgerecht erhalten. Sie wären sonst nach Italien gekommen, da der verstorbene Vater meiner Halbgeschwister aus Italien stammte. Papa war damals einunddreißig gewesen. Er trauert übrigens meiner Mutter heute noch nach, ist jede Woche an ihrem Grab. Er hat später noch einmal geheiratet, aber die Ehe ging auseinander, jetzt lebt er wieder allein. Mein Vater ist auch wieder von München zurück nach Aresing aufs Land bei Schrobenhausen gezogen. Er liebt wie ich die Natur und möchte nicht nach Ägypten zurück, weil er meint, er könne in dem Land nicht mehr leben. Es gebe zu viel Trubel und Korruption. Er hofft darauf, dass es dort mal "Ordnung und System" sowie Gleichberechtigung geben und die Industrie sich dort ausbreiten wird, was wiederum viele Arbeitsplätze schaffen würde. Denn Ägypten ist ein wunderschönes Land, das eigentlich viele Schätze und Ressourcen hat, wenn man sie denn richtig einsetzen würde.

Meine deutsche Familie war am Anfang ziemlich skeptisch meinem Vater gegenüber. Meine Oma war ein „Schrobenhausener Original“, jeder kannte sie. Sie war sehr direkt und offen in ihrer Art, und hatte in allem Recht, gerade was Politik anbelangt. Alles traf zu. Einmal, es war ungefähr 1991, beim Einkaufen, waren die Leute im

Kaufrausch, mit Tüten bepackt. . Sie sah mich an und meinte: „Ramona, du wirst sehen es kommt eine Zeit, da werden die Leute froh sein, wenn sie noch eine Mark haben und sie werden zurückstecken müssen!“ Und so war es auch. Einmal hat sie sogar einen Brief an Franz Josef Strauss geschickt und sich beschwert wegen der knappen Rente. Aufgrund ihrer Intervention hat sie dann tatsächlich mehr Rente bekommen.

Sie hatte immer etwas gegen meinen Vater, da er „Ausländer“" war. Er hatte es nicht leicht mit ihr, sie hat nur geschimpft mit ihm. Das erste Mal als sie ihn sah, war sie auf der Treppe und schaute von oben herab und sagte: „Wenn du ein guter Mann bist, dann geh!“ Dann meinte mein Vater humorvoll: „Ich bin ein schlechter Mann und ich bleibe!“ Zur damaligen Zeit war es ein Skandal, eine Deutsche mit einem „Ausländer“. Das war, als ob man mit einem Außerirdischen von einem anderen Planeten auftaucht, und München war für die Schrobenhausener schon etwas Besonderes, so wie Amerika. Und Ägypten erst! Damals war man noch nicht so weltoffen und mobil wie heute. Erst viel später, als meine Oma im Altenheim war, und mein Vater sie immer wöchentlich besucht hat und sich nach ihr erkundigte, dann. tätschelte sie ihm den Arm und meinte auf bayrisch: „Du bist scho a guada Mo!“ (was so viel heißen soll wie: „Du bist schon ein guter Mann"). Zum Schluss haben sie sich die beiden doch vertragen.

Als sie starb, wollte ich sie unbedingt noch einmal im Krankenhaus besuchen. Die Krankenschwester fragte, ob ich mir sicher wäre, meine Geschwister hätten sich nicht getraut, aber ich musste Abschied nehmen. Sie sah aus wie eine Puppe aus Wachs. Ich streichelte ihr übers Haar und habe für sie gebetet. Mein Vater hat so schöne Verse vom Koran gebetet, das hörte sich an wie ein Gesang, da war sogar die Krankenschwester gerührt.

Ich habe noch eine Tante, die in München lebt, sowie vier Cousinen. Aber ich habe nur mit einer Cousine etwas Kontakt. Ein Onkel, den ich nie kennen gelernt und gefunden habe, lebt in München und hatte angeblich eine Gärtnerei . Ich würde so gerne wissen, ob ich noch weitere Cousins oder Cousinen habe, und ich würde sie einfach gerne mal kennen lernen. Meinen Opa hab ich nie kennen gelernt, der ist anscheinend früh gestorben und ich weiß nur, dass er in Dresden geboren ist.

Über meine interessante, bunte, ägyptische Familie weiß ich auch gut Bescheid. Ich war mit meinem Vater manchmal in Ägypten. Oft flog ich auch alleine, von der Stewardess betreut, und wurde dann abgeholt. Einmal ging etwas schief, man hatte sich wohl in der Ankunftszeit geirrt. Da stand ich in Kairo und wurde von einer wildfremden Familie mit nach Hause genommen. Mein Onkel und meine Oma haben mich aber dann von dort abgeholt.

Mein Vater hat fünf Geschwister: Meinen Onkel Mohamed, der lebt in Saudi Arabien, dessen Bruder Khaled, welcher in Dubai lebt, Tante Amal lebt in Amerika, San Francisco, Tante Afaf in Las Vegas und Tante Wafa, abwechselnd in Kairo und Dubai. Früher war ich immer bei Tante Wafa oder bei den Großeltern. Damals haben auch Khaled, Afaf und Mohammed in Ägypten gelebt.

Bevor mein Opa die Firma hatte, war er Musiker. Er hat zuerst in Alexandria militärische Musik und dann in

Russland und in Tschechien Operette studiert. Von 1955 - 1961 hat er in Kairo im Khedivial-Opernhaus Lieder komponiert und Timpanie gespielt. Jeden letzten Donnerstag im Monat hat mein Großvater mit Oum Kalthoum (der berühmtesten ägyptischen Sängerin)) dort gespielt.

Meine Oma war eine sehr „schicke" Dame, sie trug anstatt eines Kopftuches immer verschiedene ausgefallene Turbane und meistens roch man den klassischen Duft von Chanel Nr. 5 an ihr. Ich war immer fasziniert von ihr, da sie ihr Leben als Hausfrau immer im Griff hatte, zumindest schien es mir so, und dennoch die wahre Gestalt einer Lady verkörperte. Ihre Kleider hat sie sich oft selbst geschneidert, das hatte sie auf einer französischen Schule in Alexandria gelernt. Sie war eine stolze liebevolle Frau, die mir immer nahegebracht hat, wie wichtig der Glaube an sich selbst ist, die Ordnung im Haushalt und dass man eine Dame sein sollte.

Auch meine Tante Wafa (früher sehr westlich, dann mit Kopftuch und heute bis auf die Augen verschleiert) hat mir jeden Wunsch von den Augen abgelesen. Sie hat mir, neben meinem Vater, während der Sommerferien, die ich jedes Jahr 6 Wochen in Ägypten verbrachte, das Beten beigebracht. Sie war immer sehr humorvoll.

Mein Opa hat mich über alles geliebt und ich ihn. Wenn ich am Flughafen in Kairo ankam, hat er immer von Weitem gerufen „Ramona my heart" und seine Hand auf seine Brust gelegt. Einmal war ich in Kairo und es war ein leichtes Erdbeben. Meine Oma und Tante Wafa waren sehr aufgeregt und ängstlich und fingen an, den Koran zu lesen und zu beten. Das Haus hat sich leicht bewegt, nach links, nach rechts. Da kam mein Opa ganz lässig herein und fragte: "Was ist denn los?? Warum die ganze Aufregung?" Dann schimpfte meine Oma ganz entsetzt: "Sag mal, ja bemerkst du das nicht oder was??!!" Er entgegnete jedoch seelenruhig: "Der Michael Jackson tanzt gerade, deswegen wackelt das Haus so". Dabei imitierte er Michael Jacksons Tanzweise. Ich habe mich soo kaputt gelacht. Er war immer gut gelaunt und höflich, noch von der alten Schule mit „in den Mantel helfen" etc.; solche Umgangsformen prägen schon. So ist mein Vater auch: humorvoll, gentleman like, das hat er von seinem Vater!

Tante Afaf ist bis heute eine sehr moderne, westlich gekleidete Frau. Sie war ein Model, dann arbeitete sie für eine Jordanische Airline als Stewardess. Sie ist oft nach Deutschland geflogen und hat uns besucht. Jetzt lebt sie in Las Vegas und hat drei Kinder. Ihren Mann hat sie beim Fliegen kennen gelernt, er ist ein jordanischer Geschäftsmann.

Onkel Khaled ist der jüngste Bruder meines Vaters und macht ständig Witze. Er war Balletttänzer und brachte den Tänzern fürs Fernsehen und Theater die Choreographien bei. Heute lebt er mit seiner Frau und seinem Sohn in Dubai. Heute schämt er sich für seine Vergangenheit, denn inzwischen ist er ein Imam (ein mulismischer Gelehrter), ähnlich wie ein Pfarrer und wahrscheinlich hat er wohl den lustigsten Werdegang vom "Balletttänzer zum Imam".

Onkel Mohammed ist durch und durch ein solider Familienmensch. Er lebt in Saudi Arabien, ihn kenne ich am wenigsten. Tante Amal ist in den 80ern mit ihrem Mann nach Amerika ausgewandert, da ihr Mann dort studiert hat und inzwischen Arzt ist. Sie haben hart gearbeitet und durch ihren Zusammenhalt das Studium finanziert. Sie ist bei Macys für eine Kosmetikfirma tätig. Ich habe sie erst mit 23 kennen gelernt, habe sie ein paar Mal besucht und meine sehr netten Cousins kennen gelernt. Aber die sind sehr "amerikanisch".

Auch die zwei Töchter und der Sohn meiner Tante Afaf sind sehr amerikanisch. Fast alle meine Verwandten haben studiert. Sie konnten gar nicht glauben, dass ich in Deutschland nicht studiert habe. Ich habe eine Ausbildung zur Kauffrau im Einzelhandel gemacht. Eine Zeitlang hatte ich deswegen Komplexe, aber inzwischen weiß ich, dass es auf die Lebenserfahrung ankommt, die einen prägt. Hauptsache eine abgeschlossene Berufsausbildung, denn die reicht im Gegensatz zu anderen Ländern bei uns in Deutschland glücklicherweise aus. Eine solide Ausbildung mit Berufsschule und Prüfungen gibt es in Ägypten nicht.

Da ich ja nur noch meinen Vater habe, ist meine Bindung zu ihm ziemlich eng. Als ich einundzwanzig war, fühlte ich mich sehr zu Ägypten hingezogen; ich habe damals meine braunen Haare schwarz gefärbt, bin ins Solarium gegangen, da ich helle Haut habe, und lag im Sommer immer viel an der Sonne. Meine Augen habe ich mir mit dicken schwarzen Lidstrichen, à la Cleopatra, geschminkt.

Damals trug ich auch viel ägyptischen Schmuck und hatte viele Figuren in der Wohnung. Ich dachte immer, so bin ich mehr Ägypterin. Seit einem Jahr jedoch ist mir bewusst, dass auch Deutschland meine Heimat ist. Ich liebe die Natur über alles und ich habe auch einen "deutschen Sturkopf". Ich denke eigentlich doch mehr Deutsch, manchmal aber bin ich dann doch wieder Ägypterin. In

Deutschland bin ich für die Leute die Ägypterin und in Ägypten die Deutsche. Es ist lustig, aber ich denke, das geht vielen so, die beide Kulturen leben. .

Ich bin Muslimin und wurde dazu erzogen, dass man die Menschen, egal welcher Nationalität oder Religion, nicht verurteilen sondern respektieren soll, da es auf den Menschen individuell ankommt. Meine Religion gibt mir Halt und hat mich nach einigen Schicksalsschlägen zur starken Frau gemacht. Ich trage kein Kopftuch, da ich den Glauben im Herzen trage. Meine Mutter ist damals freiwillig zum Islam konvertiert, nachdem sie das erste Mal in Ägypten war. Sie war fasziniert von Land und Leuten (Familienzusammenhalt, Gastfreundschaft gegenüber Ausländern etc.). Sie hat auch gebetet, aber nie ein Kopftuch getragen. Sie meinte, dass das Christentum und der Islam sich von den Grundsätzen her sehr ähnlich und dass es nur einen Gott gibt, er ist derselbe für Christen und Moslems.

Leider hat mein Vater nur Deutsch mit mir gesprochen. Heute finde ich das sehr schade. Aber er hat mit mir als Kind, wenn ich was nicht richtig machte, auf ägyptisch geschimpft. Schließlich habe ich dann die Sprache bei meinen Großeltern in Kairo gelernt, wo ich immer die Ferien verbrachte. Außerdem spreche ich auch noch Englisch.

Wie heute gab es auch in meiner Jugend schon viel Diskriminierung. Als Kind hatte ich in der vierten Klasse eine Lehrerin, die mich speziell auf dem Kieker hatte. Da mein Vater beruflich oft im Ausland arbeitete, war ich damals bei Bekannten untergebracht. Als die Lehrerin das einmal mitbekam (ich kam manchmal zu spät zur Schule) sagte sie: „Ihr Ausländer seid so asozial“.

Ich kann mich auch daran erinnern, dass ich einmal plötzlich beim Spielen mit den Kindern ausgeschlossen wurde. Es war Sommer, und obwohl ich eine helle Haut habe, war ich im Sommer ganz braun und die Kinder meinten; “du darfst mit uns nicht spielen, du bist Ausländerin!“ Da entgegnete ich, dass ich aber in Deutschland geboren und aufgewachsen bin und die Kinder antworteten: „Aber du bist dunkler als wir! Das sieht man doch, dass du keine Deutsche bist.“ Das hat mich dann schon sehr getroffen und verletzt. Auch als eines Tages die Mutter meiner besten Freundin zu ihr sagte: „Oh ich wusste gar nicht, dass Ramona keine Deutsche ist sondern Ausländerin, mit ihr spielst du nicht mehr!“ Doch meine Freundin kam heimlich zu mir und als das rauskam, bekam sie großen Ärger.

In meiner Jugend hatte ich auch eine polnische Freundin deren Mutter sehr abweisend zu mir war. Als ich mal die Freundin fragte, warum sie immer so zu mir ist, meinte sie, dass die Mutter ein Problem mit mir habe, da ich Muslimin sei.

Später als Erwachsene bei der Wohnungssuche am Telefon hörte ich oft: „Wir wollen keine Türken, da die Nachbarn dagegen sind“ - oder „Wir vermieten nicht an Ausländer!“, dann wurde aufgelegt. Das passierte mir oft sogar in der Multikulti-Stadt München

Geärgert habe ich mich auch oft darüber, dass die Leute mit meiner Religion ein Problem haben, nicht so weltoffen sind und ich mich deswegen bis heute rechtfertigen muss. Zum Beispiel esse ich kein

Schweinefleisch, trinke keinen Alkohol und faste im Ramadan. Es heißt ja immer „leben und leben lassen“, aber viele sehen dies etwas engstirniger.

Natürlich bin ich auch stolz auf meine zumindest in Bayern seltene Herkunft. Da ist man schon ein richtiger Exot. Ich war schon immer geschmeichelt, wenn die Leute sagten: „Wow aus Ägypten!!?“ Denn Türken, Italiener und die restlichen ausländischen Mitbürger gibt es wie Sand am Meer, aber Ägypter sind ziemlich selten in Deutschland zu finden. Allerdings stört es mich oft, dass die Leute denken, als Halbägypterin kennt man die ägyptische Geschichte aus dem "Effeff". Da sollte man mal Deutsche nach ihrer Geschichte fragen, diese wissen oft überhaupt nicht Bescheid.

Viele denken, dass Ägypten nur aus elender Armut besteht, dass es dort nichts gibt, nur Kamele und Wüste. Leider wird im Fernsehen allzu oft nur die Armut gezeigt und nicht Kulturstätten wie z.B. "Neu-Kairo" oder die überaus herausragenden Sehenswürdigkeiten, welche Ägypten als Land zu bieten hat (Geschichte, Kultur etc.).. Manche glauben tatsächlich, dass die Ägypter sich noch wie die Pharaonen kleiden und bis jetzt so leben. Sie glauben auch, dass man dort als Frau nichts wert ist und unterdrückt wird und Schleier/Bedeckungszwang herrscht. Vielen ist nicht bewusst, wie modern, anspruchsvoll und chic viele Frauen in Ägypten sind und wie viele Studierende und Collegeabsolventen es gibt. Viele Männer behandeln die Frauen wie Prinzessinnen. Doch wie in jedem Land gibt es "solche und solche".

Was mich an blöden Sprüchen auch immer ärgert: „ Oh, da wird man entführt und für Kamele verkauft.“ Bei solchen Vorurteilen kommt dann schnell mein Temperament und Gerechtigkeitssinn zutage. Ich sage dann direkt, was Sache ist. Manche Leute haben sich dann bei mir entschuldigt.

Es gibt so viel in Ägypten, was ich sehr mag! Zum Beispiel liebe ich die Gast- und Kinderfreundlichkeit, sowie die Warmherzigkeit der Menschen. Das Wetter und die Kombination von alter Kultur und modernem Leben. Der Nil und die Altstadt, dieses Flair von „1001 Nacht" . Das Essen (ägyptische Küche wie Koscheri, Torli, schwarzer Tee mit Minze), das Rote Meer, die duftenden Jasminblüten, die romantischen Kinofilme und Komödien, den speziellen Humor, das Gefühl dass der Tag nie endet. Man kann bis spät nachts noch ins Café gehen (wo immer Musik laut läuft). Das alles vermisse ich in Deutschland. In Ägypten wird die Nacht zum Tag.

In Deutschland liebe ich die Natur, die Ehrlichkeit, das System und die Ordnung, die Verlässlichkeit, unseren Kaffee und Kuchen, das deutsche Frühstück. Mir gefällt auch, dass man fast alles diplomatisch regeln kann, ohne großes Geschrei und endlose Diskussionen (wie in Ägypten).

Da die meisten Ägypter die Familie lieben und Kinder nach der Hochzeit eine Selbstverständlichkeit sind, war für mich schon lange klar, dass ich auch einen Ägypter heiraten möchte. Ich glaube, das war mir schon als Kind bewusst, nach den zahlreichen Hochzeiten in Ägypten, als ich als Kind mal wieder von der Musik mit der ägyptischen Laute, dem Saiteninstrument und den Trommeln Gänsehaut bekam. Da hab ich mich schon insgeheim neben den Bräutigam stehen sehen und mich als Prinzessin gefühlt.

2008 war es dann soweit, damals habe ich meinen Mann im Urlaub in Sharm el Sheikh kennengelernt.

Wir hatten 2011 eine traumhafte Hochzeit; meine Schwester mit ihrem Mann und eine Nichte, Bruder mit Freundin, mein Vater und viele Verwandte aus Ägypten waren dabei. Am Ende wusste ich nicht mehr Bescheid, wer mit mir oder meinem Mann verwandt ist. Manche habe ich erst dort kennen gelernt oder hatte ich lange nicht mehr gesehen. Viele Freunde und Verwandte hatten Angst zu kommen, da es zu der Zeit Unruhen in Ägypten gab (Revolution).

Leider sind wir inzwischen geschieden, da wir nun doch unterschiedliche Erwartungen an das Leben haben. Wir verstehen uns aber sonst gut. Wir haben eine Tochter, sie ist drei. Jetzt lebe ich mit meiner Tochter in Schrobenhausen und mein Ex-Mann in Ingolstadt. Mein Mann kam durch die Familienzusammenführung nach Deutschland. Wir haben in Ägypten zuerst im März 2011 islamisch und im Juni 2011 dann in Kairo auf dem Shar el Akari (entspricht dem deutschen Standesamt) geheiratet, was dann auch in Deutschland als richtige Ehe anerkannt worden ist. Mein Ehemann hatte sehr schnell den ganzen Papierkram erledigt. Am 31.12.2011 war er dann endlich bei mir in Deutschland. Von Alexandria, der lebendigen Großstadt in Ägypten, kam er auf die Straße in Schrobenhausen, die fast leer war. Er fragte mich, wie viele Einwohner Schrobenhausen hat. Er konnte es absolut nicht fassen, wo denn die ganzen Einwohner sich aufhielten und meinte, er sei in einem Grab gelandet. Das war sein erster Kulturschock. Ich bin dann nach den Feiertagen gleich mit ihm nach München gefahren, damit er sich unter den vielen Menschen wohlfühlen kann. Bedingt durch unsere gemeinsame Tochter hat er jetzt das Recht, in Deutschland zu bleiben.

Ich selbst bin gelernte Kauffrau im Einzelhandel, habe aber 10 Jahre selbständig für Werbeagenturen und Firmen gearbeitet. Zur Zeit arbeite ich Teilzeit in einer Drogerieabteilung und bin für Parfüm, Kosmetik und Make-Up zuständig, bis meine Tochter in den Kindergarten kommt.

Ich finde eigentlich, dass eine gemischte Ehe für Kinder eine Bereicherung ist. Wir lernen zwei Kulturen kennen, zwei Sprachen und erhalten dadurch einen erweiterten Horizont. Man ist auch weltoffener und kann sich besser anpassen. Außerdem entwickeln sich die Gehirnhälften bei Mehrsprachigen besser im Kleinkindesalter, so die Aussage einer Kinderärztin.

Hier möchte ich noch einige persönliche Bemerkungen zu meiner Geschichte machen: Auch wenn man denkt, dass man als Halbägypterin die Mentalität kennt, ist dem nicht so! Man lernt noch so viel Neues dazu. Die Ägypter denken und handeln ganz anders, egal welche Sozialschicht. Zwischen Deutschen und Ägyptern wird es in der Ehe sicherlich zuerst viele Missverständnisse und Diskussionen geben. Die Ägypter mögen keine Widersprüche und Diskussionen. Wenn man in Europa aufgewachsen ist, tut man sich als Frau schon schwer mit dieser Mentalität. Gerade wenn man sagt, was man denkt. Es sei denn, man ist als Frau sehr angepasst und macht es auf die sanfte Tour ohne Widersprüche.

Die Ägypter wollen gerne betüttelt werden und tun sich allgemein schwer mit der Gleichberechtigung. Bevor man einen Ägypter aus den Touristenorten im Auge hat, sollte man ihn unbedingt zuerst prüfen ("darum prüfe, was sich ewig bindet")! Ja, es gibt die Webseite „1001 Geschichten“ im Internet, wo Frauen von Ihren schlechten Erfahrungen berichten. Sehr viele ägyptische Männer benutzen die Touristinnen nur, um sich zu bereichern oder in ein reicheres Land zu kommen. Seid vorsichtig und fallt nicht auf charmantes Gesülze rein!

Kinder sollten unbedingt zweisprachig aufwachsen, da es nicht nur eine Bereicherung ist, sondern sie sollen sich in Ägypten auch verständigen können, vor allem auch mit der Familie. Außerdem soll man ihnen auch die Schattenseiten zeigen, damit sie vieles schätzen lernen. Denn in Deutschland ist alles eine Selbstverständlichkeit wie materielle Dinge, Essen und Bildung.

Als Tochter eines Ägypters, der in Deutschland lebt und einer deutschen Mutter, hatte ich das Glück, zwei ganz verschiedene Kulturen kennenzulernen. Welche mir näher ist, kann ich eigentlich gar nicht sagen. Beide sind ein Teil von mir. Ich bin in Deutschland die Ägypterin und in Ägypten die Deutsche! Das wird immer so sein und für mich ist es auch gut so.

Es ist schade, dass es für fast alle dieser Kinder soviel Diskriminierung und Vorurteile gab und immer noch gibt. Nicht alle haben das so gut ertragen wie Ramona. Sie hat aus allem gelernt und ist eine selbstbewusste Frau geworden.

Kapitel 7: Sayeda: Eine Schweizerin in Ägypten und eine schwierige Geschichte um Religion

Auch diese Geschichte bekam ich über das Internet. Es handelt sich hier um eine ganz junge Frau, die schon einige heftige Krisen erlebt hat. Trotz aller Hindernisse hat sie ihren schwierigen Plan durchgeführt. Hier ist ihre Geschichte:

Mein Vater ist in Assuan geboren und in Sohag aufgewachsen. Später zog die Familie nach Tanta. Meine Mutter ist Schweizerin, in Zürich geboren und aufgewachsen. Kennen gelernt haben sich meine Eltern im Juni 1994, als meine Mutter Urlaub in Hurghada im Beach Albatros machte. Mein Vater war Chef im Fischrestaurant. Im November folgte er ihr in die Schweiz, wo sie dann im Februar 1995 geheiratet haben.

Im selben Jahr, am 8. Dezember, bin ich in Zürich geboren. Vier Jahre später kam meine kleine Schwester Virginia zur Welt. Ich habe auch noch eine ältere Schwester Veronika, die aus einer früheren Beziehung meiner Mutter stammt. Mein Vater hat sehr lange in seinem Beruf in der Schweiz gearbeitet, leider schloss das Restaurant, in dem er gearbeitet hatte. Aufgrund seines Alters wurde es schwer für ihn, eine neue Stelle zu finden, deshalb arbeitet er jetzt in einem Tankstellenshop. Meine Mutter ist Hausfrau.

Am Anfang war es eine harmonische Beziehung, bis mein Vater anfing, sich zu verändern. Er hatte viele ägyptische Freunde gefunden, die sich oft in die Angelegenheiten unserer Familie einmischten.

Als meine Mutter herausfand, dass er sie betrogen hatte, lag die Beziehung in Scherben. Aber die Ehe nahm erst ein richtiges Ende, als sie leider noch herausfinden musste, dass mein Vater in Ägypten noch eine andere Frau mit drei Kindern zurückgelassen hatte. Meine Schwester und ich haben damals nicht alles, was geschehen war mitbekommen. Wir waren einfach zu jung um zu verstehen, was passiert war. Nach der Scheidung durfte unser Vater uns nicht mehr sehen. Dies war die Entscheidung meiner Mutter, nachdem er ihr gedroht hatte, er werde uns nach Ägypten entführen. Nach einiger Zeit hatte mein Vater wieder eine neue Beziehung, und wir durften ihn wieder sehen, aber nur in Anwesenheit meiner Mutter.

Leider kam es aber immer wieder zu Streitereien zwischen meinen Eltern, und irgendwann schaltete meine Mutter das Jugendamt ein, das dann begleitetes Besuchsrecht verfügte. Ich kann mich noch gut erinnern, dass wir immer in ein Haus gehen mussten, wo überall Leute standen, die uns "überwachten". Ich habe mich da immer sehr unwohl gefühlt, aber trotzdem war es für mich schön, meinen Vater sehen zu können. Irgendwann sind wir dann nach Bern gezogen und die Besuche bei meinem Vater wurden immer seltener. Als ich älter wurde, fing ich an, mich für diese Ereignisse innerhalb unserer Familie zu interessieren. Ich habe meine Mutter gefragt, was geschehen sei und wieso unser Vater nicht mehr bei uns lebe. Sie hat mir dann alles erzählt und ich war schockiert. Ich konnte nicht glauben, dass mein Vater all das getan hatte und ich fing an, Hass gegen ihn zu entwickeln.

Ich wollte ihn nicht mehr sehen, weder ihn besuchen, noch mit ihm telefonieren. Der Kontakt brach soweit ab, dass ich nur noch zwei Mal im Jahr etwas von ihm hörte. Ich fühle mich meiner Mutter viel näher als meinem Vater, das hat wohl auch damit zu tun, dass mein Vater sich kaum die Mühe machte, mit uns regelmäßigen Kontakt zu haben, uns auch nicht sehen wollte und uns nichts von seinem Land, seiner Kultur und Religion beigebracht hatte. Ich wusste nichts über Ägypten, außer dem, was ich in der Schule lernte. Außer den Wörtern "Habibi" und "yalla" konnte ich kein Wort Arabisch.

Dies bereue ich heute sehr. Urlaub in Ägypten gab es nie, da meine Mutter einfach zu viel Angst hatte, uns zu verlieren. Das erste Mal in meinem Heimatland Ägypten war ich mit 18 Jahren im Februar 2014, als meine ältere Schwester und meine Mutter mich mit einem Urlaub in Hurghada überraschten. Ich konnte es nicht erwarten, endlich zu sehen woher ich komme, die Kultur kennen zu lernen und einfach nur einmal das Land zu sehen.

Der Urlaub war traumhaft schön und zwei Monate später flog ich mit meiner Schwester erneut nach Hurghada. Meinen Mann habe ich aufgrund einer Reihe von Zufällen kennen gelernt. Im September 2014 wollten meine Mutter, meine zwei Schwestern, meine beste Freundin und ich wieder einen Monat nach Ägypten in den Urlaub fliegen, doch wollten wir kein Hotel buchen. Durch Zufall hatte meine Schwester bei Facebook einen Beitrag über eine Schweizerin gefunden, die ihre Villa vermietet. Der einzige Schwachpunkt war, dass ihr Mann und dessen Freund noch in der Villa lebten (die Schweizerin selbst lebte nur zeitweise Ägypten). Dieser Umstand hat uns jedoch nicht weiter gestört, da die beiden Männer ja sowieso gearbeitet haben und sich nicht viel in der Villa aufhielten. So haben wir kurzerhand diese Villa gebucht. Mit dem Freund des Mannes, haben wir uns sehr schnell angefreundet, denn er war sehr nett und hat uns viel über seine Frau (auch Schweizerin) erzählt. Er hat auch die ganze Zeit über seinen besten Freund Michael geredet und wollte unbedingt, dass wir ihn kennen lernen. Also sind wir einmal mit ihm in den Pub, in dem Michael gearbeitet hat. Dort habe ich dann zum ersten Mal meinen heutigen Mann gesehen. Ich habe mich aber ehrlich gesagt nicht sehr für ihn interessiert, da ich schon viel über die sogenannten "Beznesser" gehört hatte, den Männern, die sich reichen Europäerinnen „an den Hals werfen, um diese um Geldbeträge zu erleichtern oder gar eine Ehe wegen eines Aufenthalts in Europa eingehen.“ Ich wollte mich daher ganz von den Männern in Ägypten fernhalten. Doch er hat seine Blicke nicht von mir abgewandt. Mit mir zu reden, traute er sich aber nicht, da ich zwar oft, aber immer mit meiner gesamten Familie da war. Später hat er mir dann erzählt, dass er riesige Angst vor meiner Mutter hatte, was ich bis heute nicht verstehen kann, da meine Mutter eine sehr liebenswerte und freundliche Person ist. So ging es dann zwei Wochen weiter, bis er mich endlich nach meiner Telefonnummer fragte, und so nahm alles seinen Lauf. Wir verabredeten uns mehrere Male und kamen uns immer näher. Mit seinem besten Freund, der heute mit seiner Frau in der Schweiz lebt, pflegen wir noch heute guten Kontakt, und die Frau seines besten Freundes wurde zu einer guten Freundin für mich.

Die Liebe zu Ägypten hatte mich aber damals auch schon gepackt und so entschloss ich mich ein paar Monate später, mit meiner älteren Schwester ein Oneway-Ticket zu lösen und nach Hurghada auszuwandern.

Mein Mann und ich hatten allerdings viel Stress miteinander, auch Probleme wegen meiner Herkunft und vor allem wegen meines Namens.

Mein Vater ist Moslem, ich aber bin christlich aufgewachsen und habe mich nie für den Islam interessiert.

Ich wurde auch von meinem Vater nie im Islam unterwiesen. Als ich alt genug war, bin ich auch aus der Kirche ausgetreten und lebe nun als Atheistin. Mein Mann ist Kopte, er ist gläubig, aber er konnte mich so akzeptieren wie ich bin, seine Familie aber leider nicht. Als ich sie kennen lernen durfte, war nur eins das Thema, nämlich mein Name. Ich heiße Sayeda, dies ist ein muslimischer Name, den ich von der verstorbenen Mutter meines Vaters bekommen habe. Ich habe mir nie Gedanken um meinen Namen gemacht und konnte für den ersten Moment nicht verstehen, warum ein Name solch ein Problem darstellen sollte. Die koptische Familie meines Mannes hatte Angst. Angst vor meiner muslimischen Familie in Tanta, Angst vor den Problemen die auf uns zukommen würden, da es hier in Ägypten nicht erlaubt ist, dass ein Christ eine Muslimin heiratet. Ich versuchte ihnen immer klar zu machen, dass ich keine Muslimin und ich christlich aufgewachsen bin, doch sie glaubten mir nicht. Vielleicht ist aber auch einer ihrer Gründe, dass nach dem Gesetz die Kinder eines Moslems immer auch Moslems sind.

Von der Familie meines Mannes habe ich zuerst seinen Bruder und dessen Frau und Tochter kennen gelernt. Nach und nach habe ich auch seine Tante und seinen Onkel sowie die Familie der Frau seines Bruders kennen gelernt. Im Grunde genommen wurde ich überall herzlich aufgenommen, nur von seinem Bruder habe ich ein wenig Ablehnung gespürt. Die gesamte Familie wollte mich auch nicht bei meinem richtigen Vornamen ansprechen. Mein voller Name ist: Sayeda Nada Claudia Ebrahim. Als sie das wussten, nannten sie mich dann nur noch "Nada". Ich fand das komisch, dachte mir aber, wenn sie damit zufrieden sind, sollen sie mich halt so nennen. Weil sie meinem Mann aber diesbezüglich Stress gemacht haben, und ich die

Ablehnung immer mehr zu spüren bekam, wollte ich dann schnell wieder zurück nach Hause.

Es kam so weit, dass seine Familie sich von meinem Mann abwendete und sein Bruder ihm sogar sagte, dass er nichts mehr mit ihm zu tun haben wolle, wenn er mich wirklich heiraten würde. Mein Mann akzeptierte ihre Entscheidung, wir waren aber beide sehr verletzt.

In der Zwischenzeit hatte natürlich auch mein Vater mitbekommen, dass ich vorhatte zu heiraten, und auf den ersten Blick sah es so aus, als würde er es akzeptieren. Als ich ihn in meinem Schweizer Urlaub einmal kurz gesehen habe, sprach er ganz normal über die Situation, er schien kein Problem damit zu haben, doch da hatten wir falsch gedacht! Eines Tages hatte sich meine kleine Schwester dazu entschieden, nach Tanta zu fahren und ihre Geschwister und das Leben dort kennen zu lernen. Ich wollte nicht mitgehen, da ich mich mit dieser Familie wirklich nicht verbunden fühle, ich kenne sie einfach nicht. Kontakt habe ich nur mit meinem Halbbruder, der in die Schweiz kam und bei meinem Vater lebte. Er lebt auch heute noch dort mit seiner Frau und seiner Tochter.

Meine Schwester kam dann zum Urlaub zu uns nach Hurghada und wurde von unserem zweiten Halbbruder, der in Tanta lebt, abgeholt. Da es ein langer Weg ist, verbrachte er einen Tag mit mir, meinem Mann und meiner Schwester in Hurghada, bevor sie weiter nach Tanta fuhren. Dies war auch das erste Mal, dass ich ihn gesehen habe. Es war wirklich schön, denn auch mein Mann und mein Halbbruder schienen sich gut zu verstehen. Nach deren Besuch jedoch erzählte mir mein Mann, dass mein Halbbruder ihm unmissverständlich klar gemacht hat, dass meine Familie mit unserer Hochzeit überhaupt nicht einverstanden sei!

Dies war ein Schock für mich. Hinzu kam noch, dass mein Vater meinem Mann eine Nachricht schickte, in der er ihm auch noch mal klar machte, dass auch er es nicht akzeptieren würde, denn auch in seinen Augen müsste ich einen Moslem heiraten. Ich meinerseits konnte die ganze Situation nicht verstehen.

Auch aufgrund dieser Umstände ließen wir uns von all dem weder beeindrucken noch aufhalten, denn für uns war klar, dass wir uns lieben und heiraten wollten, mit dem Segen der Familie oder ohne. Glücklicherweise haben uns meine Mutter und meine beiden Schwestern von Anfang an unterstützt. Dies war vor allem eine große Hilfe für mich, da es mir wirklich eine Zeit lang diesbezüglich nicht sehr gut ging und ich sehr traurig war. Wir führten aber unseren Plan durch, haben alle Papiere besorgt und sind nach Kairo gefahren, um zu heiraten. Wie sich herausstellte, war unsere Unterfangen zu heiraten auch da noch nicht fertig, denn ein Problem nach dem anderen stellte sich uns in den Weg. Es waren zwei unglaublich herausfordernde Tage in Kairo.

Erst mussten wir alle nötigen Papiere zusammensuchen, die wir für die Hochzeit am Shar el Akhari, dem Standesamt in Kairo brauchten. Meine Papiere stellten kein Problem dar; das erste Problem hatten wir erst, als mein Mann die Ledigkeitsbescheinigung der Kirche auftreiben musste. Dieses Dokument brauchen Ägypter (das Papier brauchen auch Muslime, nicht nur Kopten), um in der Heimat beweisen zu können, dass sie noch nicht verheiratet sind. Für Kopten ist es obendrein erlaubt, nur einmal im Leben zu heiraten. Also ging mein Mann nach Bani Suef zu einem Priester der Kirche, den er schon von Kindheit her kannte. Was wir jedoch nicht wussten war, dass seine Tante, die sehr viel in der Kirche zu sagen hat, vorher schon zu diesem Priester gegangen war und ihm gesagt hatte, er solle meinem Mann das Papier nicht geben, da seine Familie mit der Hochzeit nicht einverstanden sei. Leider hörte der Priester auf diese Tante und wollte ihm dieses wichtige Papier nicht geben. Er hat es mehrere Male versucht, jedoch ohne Erfolg. Schließlich bekam mein Mann das Papier dann aus der Kirche in Hurghada. Als wir dann alle Papiere zusammen hatten, gingen wir nach Kairo, wo wir zuerst noch einige Stempel von den Ämtern holen mussten, was recht gut klappte. Nur dauerte alles sehr lange, was aber am Verkehr in Kairo lag. Anschließend gingen wir zum Shar el Akhari. Einer der Anwälte schaute sich alle Papiere an. Als er unsere Namen sah, schaute er etwas komisch und sagte meinem Mann, dass dies nicht erlaubt sei. Mein Mann wurde wütend und sagte, dass ich Christin und mein Name kein Grund für eine Ablehnung sei,. Doch der Anwalt entgegnete lediglich, dass wir "angeblich" einen falschen Stempel auf dem Papier hätten. Doch das konnte nicht sein, denn wir hatten alles so gemacht, wie es uns gesagt worden war. Der Anwalt jedoch ließ nicht locker. Seine Worte waren: "Ändert dies oder ihr könnt nicht heiraten." Aus diesem Grund mussten wir wieder zurück nach Hurghada reisen, denn nur da bekämen wir den "richtigen" Stempel. Dies erledigten wir an einem Tag und fuhren einen Tag später (abends) wieder zurück nach Kairo. Wir waren todmüde. Allein der sechsstündige Weg nach Kairo und wieder zurück brauchte unsere ganze Energie. Im Shar el Akhari angelangt, kam natürlich wieder etwas dazwischen, und wieder war ein Stempel nicht der korrekte und musste gewechselt werden. Wir mussten wieder irgendeine Kopie besorgen und hin und her rennen. Zum guten Glück konnten wir dies alles in Kairo erledigen. Zu guter Letzt war alles beisammen und wir "durften" heiraten. Doch wie konnte es anders sein, es wurde trotz all dem Tohuwabohu ein Fehler gemacht. Bei meinem Mann wurde in den Dokumenten "Moslem" eingetragen, was wir zum Glück schnell bemerkt haben. Am Ende musste mein Mann alle fünf Eheurkunden selbst ausfüllen, weil der Beamte angeblich müde war. Dies empfanden wir als reine Schikane, doch aus der Ruhe bringen ließen wir uns nicht. Im Dezember 2015 waren wir endlich Mann und Frau.

Die Freude über die Hochzeit konnten wir in diesem Moment aber nicht wirklich genießen, wir wollten einfach nur noch nach Hause. Das Schöne daran war, dass meine Schwestern und meine beste Freundin in Hurghada gewartet und uns ein kleines Fest mit einem schönen Essen und Kuchen vorbereitet hatten. So konnten wir dann doch noch unsere Hochzeit feiern.

Trotz der Tatsache, dass wir nun verheiratet waren, haben wir unseren Familien nicht Bescheid gegeben. Natürlich erfuhren sie es trotzdem. Seitdem habe ich mit meinem Vater nicht mehr gesprochen. Er meldet sich nicht mehr, schreibt nicht mehr, ob zum Geburtstag, Neujahr oder sonst einem Feiertag. Wenn er meine jüngere Schwester anruft, fragt er nicht mehr nach mir, es scheint, als würde ich für ihn nicht mehr existieren. Inzwischen habe ich mich damit abgefunden. Ich lebe mein Leben mit meinem Mann, und da ich zu meinen Vater sowieso keine Beziehung hatte, ist es auch keine große Umstellung für mich.

In der Schweiz hatte ich lange nach einem Ausbildungsplatz als Fachangestellte im Bereich Gesundheit gesucht, leider vergeblich. Seit ich in Ägypten lebe, arbeite ich von zu Hause aus als sogenannte Dialogschreiberin oder auch Chat Moderatorin. Als ich meinen Mann kennen lernte, hat er als Service-Angestellter in einem kleinen Pub gearbeitet, danach an einem Strand. Bedingt jedoch durch die momentane Situation in Ägypten hat er diesen Job leider verloren, und es scheint fast unmöglich, eine neue Stelle zu finden, da es sehr wenige Touristen gibt.

Ich lebe also seit Dezember 2014 in Hurghada. Damals bin ich mit meiner älteren Schwester hierhergekommen. Sie hat leider ihr Liebesglück noch nicht gefunden, und hat hier eher Pech mit den Männern.

Ich liebe das Land, die Leute und das spezielle Gefühl, das ich hier habe, welches ich nicht erklären kann. In der Zeit, in der ich hier lebe, habe ich sehr viel gesehen, das meine Sicht auf Ägypten verändert hat. Ich habe während dieser Zeit sehr viel Arabisch gelernt und bin dabei, mich darin noch zu verbessern.

Mein Mann ist ein sehr netter, freundlicher und liebenswerter Mensch. Er ist sehr speziell und überrascht mich immer wieder damit, wie sehr er sich von anderen Ägyptern unterscheidet. Mein Mann kommt aus Bani Suef. Eine Zeit lang hat er in Kairo gelebt und dort sein Studium in Accounting abgeschlossen, danach ist er alleine nach Hurghada gegangen. Seine Eltern sind beide verstorben. Seinen Vater hat er nicht gekannt, seine Mutter ist an Krebs gestorben. Er hat einen Bruder, zu dem er aber keinen Kontakt mehr hat.

Zukünftig möchten wir zusammen in die Schweiz leben und dort arbeiten, eine Familie gründen. Der Wunsch nach Kindern ist groß, aber die Mittel, um Kinder groß zu ziehen, fehlen uns hier einfach. Da wir aber ein Problem mit dem Militär hier in Ägypten haben, müssen wir das zuerst klären. Leider darf er ohne die Bescheinigung über den absolvierten Militärdienst nicht ausreisen.

Ich bin stolz auf meine Herkunft, vor allem jetzt, wo ich sie viel besser verstehen kann. Ich liebe das Land, die Menschen und die Kultur, obwohl es auch hier vieles gibt, was mich stört. Aber wo gibt es das nicht? Ich denke, es musste wohl sein, dass ich nach Ägypten gegangen bin, meinen Mann und mein Land kennen lernte und endlich herausfinden konnte, woher ich stamme. Obwohl der ganze Weg mit der Heirat durch meine Herkunft wirklich sehr anstrengend war, bin ich stolz zu wissen, woher ich komme.

In der Schweiz hatte ich wegen meiner Herkunft keine großen Probleme. Durch die Geschichte mit meinem Vater muss ich schon eingestehen, dass einige Vorurteile stimmen, doch bin ich mir sicher, dass es auch anders gehen kann. Mein Mann und ich werden noch eine Weile in Ägypten bleiben und dann hoffentlich bald in die Schweiz ziehen.

In den letzten Monaten haben sich einige Dinge verändert. Ich wurde zwei Monate nach der Hochzeit schwanger, deshalb haben wir uns entschieden, dass ich zumindest bis nach der Geburt in die Schweiz zurückkehre. Es ging uns vor allem um die bessere medizinische Versorgung. Wir hoffen, dass mein Mann sehr bald zu uns in die Schweiz nachkommen kann. Wir sind beide überglücklich, dass ich schwanger bin und freuen uns auf unser Kind.

Mein Mann und ich lieben uns sehr, es war für uns nicht immer einfach, aber wir finden, es war die ganze

Mühe wert.

Hier muss ich einiges erklären. Es ist tatsächlich so, dass die Kinder von Moslems automatisch auch Moslems sind, insofern hatte Sayeda schon aufgrund ihres moslemischen Namens große Schwierigkeiten mit der koptischen Familie ihres Mannes. Es ist verboten, dass ein Kopte eine Muslima heiratet. Sayeda ist aber christlich aufgewachsen und konnte das wohl auch dem Amt in Kairo gegenüber beweisen.

Besonders absurd finde ich, dass der Vater von Sayeda, der sich nie um seine Kinder gekümmert hat, ihnen weder seine Kultur, Sprache oder Religion nahe gebracht hat, dann jedoch plötzlich von ihr verlangt, sie müsse einen Moslem heiraten! Leider habe ich das aber schon von anderen Paaren gehört. Die beste Methode dafür ist: Tatsachen schaffen! Dann wird sich entweder alles einrenken oder wenn nicht, hat man auch nicht viel verloren! In Ägypten ist es natürlich sehr viel schwieriger eine solche Ehe zu schließen, als in Europa. Dies ist auch der erste Fall, von dem ich höre. Dass der junge Mann sich von seiner Familie losgesagt hat, ist auch sehr bemerkenswert. Da seine Eltern nicht mehr am Leben sind, ist ihm das vielleicht nicht so schwer gefallen.

Ich habe großen Respekt vor diesen beiden jungen Menschen! Es war bestimmt schwer, sich durch all diese Hindernisse durchzukämpfen. Ich wünsche ihnen von Herzen, dass sie zusammen ein glückliches Leben führen können!

Kapitel 8: Ich bin anders und ich liebe es so!

Man könnte den Eindruck haben, dass viele dieser Geschichten ähnlich sind. Das stimmt natürlich und liegt auch daran, dass alle den gleichen Fragebogen von mir bekamen. Trotzdem finde ich es immer wieder spannend, wie verschieden diese Menschen mit der Situation umgegangen sind. Und dass es viele junge Frauen aus diesen Verbindungen gibt, die selbst wieder einen Ägypter geheiratet haben, finde ich bemerkenswert. Es hängt sicher damit zusammen, wie es in dieser Geschichte steht: "Für mich ist es einfacher die europäische Seite in Ägypten zu erklären bzw. verständlich zu machen als die arabische in Österreich."

Ich bin in Österreich geboren, meine Mutter ist Österreicherin und mein Vater ist Ägypter. Ich bin in Tirol aufgewachsen und meine Familie in Ägypten stammt dort aus einer Hafenstadt. Mein Vater hatte den Plan, nach Frankreich zu gehen, denn er hatte Schiffsbau studiert. Da dies nicht klappte, wich er zunächst auf Österreich aus, kam nach Kärnten und ging dann nach Osttirol. Meine Mutter lebte dort und lernte meinen Vater in einem Geschäft kennen, in dem sie arbeitete. Meine Mutter war schon mal verheiratet gewesen und hatte eine damals vierjährige Tochter aus dieser Ehe.

Meine Eltern waren 13 Jahre verheiratet, ich kann mich an viele schöne Zeiten erinnern, zuletzt klappte es aber nicht mehr zwischen ihnen und sie trennten sich. Sie lebten in Österreich, besuchten aber in den ersten Jahren viel Ägypten.

Ich wurde im Tirol geboren, bin auch dort aufgewachsen und lebe nun seit drei Jahren in Wien.

Die Frage, welches Land ich mehr bevorzuge ist für mich schwer zu beantworten. Ich fühle mich als Österreicherin und spreche auch mehr Deutsch, habe viele österreichische Freunde, sehr wenige aus dem Ausland. Ich liebe Ägypten und habe auch „Heimweh“ dorthin, das Essen fehlt mir und auch die Leute und deren Herzlichkeit. Trotzdem komme ich gerne nach Hause nach Österreich. Ich habe die Höflichkeit und die respektvolle Art aus Ägypten übernommen, da ich eher streng erzogen wurde, denn für meinen Vater war Respekt immer wichtig. Außerdem gefällt mir der Gedanke sich vor fremden Menschen eher ruhig zu verhalten, respektvoll und höflich zu wirken. Ich denke, ich habe auch die Ruhe und die Bodenständigkeit der Tiroler. Zu Hause bin ich eigentlich in beiden Ländern, fühle mich einmal mehr oder weniger zu Hause im jeweiligen Land.

Die Religion spielt (oder spielte) in meinem Leben eine große Rolle, jedenfalls in meiner Kindheit. Ich kann mich noch gut daran erinnern, dass ich es anfangs nicht verstanden habe, warum ich eine andere Religion habe. Die Stadt in welcher ich aufwuchs hatte 10.000 Einwohner und davon vielleicht 80 muslimische Menschen. Im Laufe meiner Jugend wollte ich vieles ausprobieren, jedoch wurde mir viel verboten, darum habe ich es aus Trotz gemacht, wie so viele in diesem Alter. Seit ich aus der Schule bin, habe ich weniger damit zu tun (womit? Unklar!). Jedoch ist der Islam bewusst ein Teil meines Lebens, ich habe mich entschieden, Muslima zu sein Meistens lebe ich diesen Glauben nur in meinem Inneren aus, trage kein Kopftuch, ziehe mich aber entsprechend angepasst an. Ich bin sicher nicht einer der Menschen, der vieles der uns vom Islam auferlegten Aufgaben täglich erfüllt, jedoch gehören für mich Verhaltens- und Denkweisen zur Auslebung der Religion dazu.

Da meine Mutter und meine große Halbschwester Christen sind, kenne ich auch das Christentum, wir haben und hatten nie Probleme, diese beiden Religionen zu vereinen. Meine Mutter ist nie konvertiert, hat uns aber mit besten Wissen und Gewissen islamisch erzogen. Sie ist diejenige, die uns beim Fasten half und auch das Essen zum Fastenbrechen kochte. Ich würde sagen Religion fließt in mein Leben ein, bestimmt es aber nicht gänzlich .

Ich spreche Deutsch und Arabisch, vielmehr den ägyptischen Dialekt. Zu Hause sprach ich Deutsch mit meiner Mutter und Arabisch mit meinem Vater. Als ich älter wurde, nur noch Deutsch und wenig Arabisch. Heute ist es so, da meine Mutter kein Arabisch kann, spreche ich mit ihr Deutsch. Mit meinem Vater meist beide Sprachen oder auch nur Arabisch. Im September 2015 habe ich einen Ägypter geheiratet und mit meinem Mann spreche ich mehr Arabisch, er ist nun dabei Deutsch zu lernen.

Ich bin der Ansicht, dass für Kinder so eine "gemischte" Herkunft eher schwierig ist, denn als Kind versteht man diese Thematik nicht und wenn es dann zum Thema wird, ist es einfach "cool" (meine Erfahrung). In der Pubertät wird es dann schwieriger, weil man keine gradlinige Zugehörigkeit hat oder findet. Logischerweise ist es im Alter eines Teenagers ganz normal, seine Identität mit Hilfe von Zugehörigkeit zu finden. Nur leider war es bei mir so, dass ich nirgends reinpasste, da ich weder das Eine noch das Andere war. Ich hatte wenige Freunde, wurde viel ausgegrenzt.

In Ägypten war schnell klar, dass ich nicht von dort stamme, denn Haare, Augen und Haut verrieten mich immer. Wenn es das nicht war, dann mein arabische Aussprache, da ich anscheinend mit Akzent spreche. Wie an so vielen Orten auf der Welt gibt es nicht nur in Europa Vorurteile gegenüber Ausländern, jene gibt es auch in Ägypten. Auch in Ägypten musste ich mich öfters diesen Vorurteilen stellen.

Jetzt und heute, etwa seit ich 17 Jahre alt bin, kenne ich mich selbst besser und lasse mich nicht mehr durch solche Umstände verunsichern, nur weil ich anscheinend "anders" bin. Heute weiß ich, Vielfalt ist etwas tolles, auch wenn viele Menschen das nicht so sehen. Heute nehme ich mir alle Vorteile aus beiden Kulturen und Ländern, ich liebe diese Mischung und das Erstaunen der Leute wie egal es mir ist, wenn ich jetzt nicht nach ihren Vorstellungen handle. Es ist eine bunte Mischung aus beiden Denk- und Verhaltensweisen.

Ein großer Nachteil ist auch die Diskriminierung bezüglich meines Namens und die in diesem Zusammenhang immer wiederkehrenden nervenden Gespräche und Rechtfertigung, warum ich etwas eben tue oder nicht tue.

Meine Mutter erzählt, es begann schon in der Grundschule, da durften die Kinder nicht mit mir spielen. Es fand ein Gespräch mit meinem Klassenvorstand, einigen Lehrern der Klasse, allen Eltern und dem Direktor statt. Von den Eltern kam die Angst ich sei ein "Schläfer" (also jemand, der nach einigen Jahren als Terrorist auftaucht!) Man bedenke damals war ich knapp sechs Jahre alt! Schon zuvor gab es auch schon verbale Angriffe aus der

Nachbarschaft, glücklicherweise war ich noch so klein, dass ich dies gar nicht mitbekommen habe.

Es ist schwer für mich mit diesem Druck zu leben und zu wissen, dass die Möglichkeit besteht, dass jederzeit jeder Mitmensch böse zu einem sein und wegen nichts und wieder nichts negativ reagieren könnte.

Ich kann mich auch noch gut an die Zeit erinnern, als meine Freundinnen abends weggingen und länger draußen bleiben durften, im Gegensatz zu mir. Während dieser Zeit fand ich auch heraus, wer meine wahren Freunde sind, da jene oft zu mir nach Hause kamen.

Auch in der Schule, bei der Suche nach einer Lehrstelle oder bei der Arbeitssuche stellte sich meine "gemischte Nationalität" öfters als Problem dar. Ich bin aus meiner Heimatstadt nach Wien gezogen um eine Arbeit zu finden, da es in Wien viele Migranten gibt und dadurch weniger Vorurteile. Heute ist es besonders schwer sich zu integrieren, denn der Islam ist Feindbild Nummer 1, nach dem Motto: "Araber sind sowieso alle gleich!"

Früher habe ich mich oft darüber geärgert, dass meine Familie anders war und mir vieles verboten hat. Ich bin in einer Kleinstadt mit fast nur Österreichern aufgewachsen. Lange draußen bleiben, bei Freunden übernachten, Jungs als Freunde haben oder auch Schminken oder freizügige Kleidung tragen, alles das war für mich verboten. Heute denke ich anders darüber, weil ich verstanden habe, dass mein Vater mich beschützen wollte. Jetzt in Wien sehe ich, dass es schon darauf ankommt, wo man aufwächst und wie offen die Mitmenschen gegenüber anderen Kulturen sind. In der Pubertät war es am schlimmsten, als alle weg gingen in Diskotheken oder auf Parties, da begannen die Verbote, die für mich wirklich schwierig und unverständlich waren.

Mein Vater ging dann nach Ägypten zurück, heute lebt er dort und hat eine Familie. Ich habe nur Kontakt zu ihm, wenn ich in Ägypten bin. Dann besuche ich ihn und auch seine Frau und ihre Kinder (es sind nicht meine Halbgeschwister). Ich verstehe mich mit ihm solange, wir einer Meinung sind, doch ich denke, dies wäre auch bei einem österreichischen Papa so.

Meine ägyptische Familie besteht aus zwei Onkeln und einer Tante, die alle verheiratet sind und jeweils vier Kinder haben. Ich fahre jedes Jahr zu ihnen, auch zu meiner Oma, die ganze Familie lebt in einem Haus.

Es ist für mich eine große Herausforderung, hundert Prozent ehrlich zu ihnen zu sein, wenn ich guten Kontakt mit ihnen haben will. Ich bin sehr eigenständig und brauche keinen Schutz oder Belehrungen über das Leben, leider sieht mich meine Familie in einem etwas anderen Licht. Daraus resultieren viele Probleme. Außerdem hat meine Familie (vielleicht auch andere in Ägypten) die Angewohnheit, entweder alles zu verheimlichen oder es zu verschönern, es könnten ja die Nachbarn etwas mitbekommen. Ich bin sehr ehrlich und stehe immer hinter der Wahrheit, doch dies hat mir schon oft Schwierigkeiten gemacht, da in Ägypten das Recht des Älteren gilt. Ich kann es nicht beschreiben, aber da spüre ich einen innerlichen Druck entweder gar nichts zu sagen oder dann die Wahrheit.

Ich komme gut mit meinen Cousins und Cousinen aus, bin die Älteste und habe alle schon als Baby gekannt und aufwachsen sehen. Ich habe einfach eine große Liebe für die Kinder, denn sie sind wie meine Geschwister, auch wenn mich nicht alle verstehen bzw. meine Lebensphilosophie verstehen können. Aufgrund dieser Philosophie kommen jetzt, da sie älter werden, auch die Diskrepanzen, da ich eben etwas differenzierter denke. Dies finde ich sehr schade, doch trotzdem bin ich für die Kinder da. Das ganze ist etwas komplex, doch ich verstehe es, sie sehen alles was um sie herum geschieht als normal und richtig an. Vor allem für die Mädchen ist vieles nicht möglich oder gar nicht erlaubt.

Auch mein ältester Cousin versteht mich nicht und will immer schlichten. Doch eigentlich soll ich mich einfach ruhig verhalten, damit keine Diskussionen entstehen. Mit seinem kleinen Bruder habe ich sehr guten Kontakt, aber auch er sagt, ich soll mich nicht so "aufmüpfig" verhalten, denn Väter und Onkel wissen schon was für Mädchen gut ist. Natürlich gilt das nicht für ihn selbst oder andere Jungs!

Ein großes Thema ist die Gleichberechtigung der Frauen und wir wissen alle, wie es darum in Ägypten bestellt ist. Innerhalb der Familien ist es schwer. Und um ganz ehrlich zu sein, grundsätzlich werde ich nur als dumm oder naiv abgestempelt. Ich kämpfe diesen Kampf jetzt nicht mehr, denn seitdem ich arbeite, habe ich einfach keine Lust mehr, meinen Urlaub mit Streitereien zu verbringen.

Ich habe Großcousinen (Cousine vom Papa, deren Kinder) denen ich sehr nahe stehe, deren Mutter Lehrerin und sehr eigenständig ist und dieses Verhalten auch an ihre Töchter weitergibt. Diese Familie steht mir daher "näher" , weil man dort das Leben genießt und nicht dauernd lästert oder über unnötige Dinge redet, welche lediglich die Gemüter erhitzen und nirgends hinführen.

Ich bin eigentlich froh, wenn ich wenig von der Familie höre, denn oft gibt es nur unnötige Probleme oder jemand möchte, dass ich ihm dies oder das besorge, oder will mir sagen, wie ich zu leben habe. Jetzt, wo ich verheiratet bin, verstehe ich erst wie tiefgehend das Denken meiner Oma und Tanten ist, sie sind Haufrauen und Mütter und leben nach dem Motto: "Tu dies nicht und sag das nicht". Für mich, mit einer westlichen Mutter, ist das manchmal mehr als unverständlich.

Aber ich bin stolz aus einem der tollsten Länder der Welt abzustammen. Die Geschichte Ägyptens ist faszinierend. Mein Herz schlägt für beide Länder und auch meine Seele kann nicht ohne beide Kulturen existieren. Meine Persönlichkeit wurde durch die verschiedenen Denkweisen beider Länder stark geprägt. Ich denke einfach jeder Mensch ist gleich und hat von Anfang an eine Art Bonus, bis zum Zeitpunkt, wo er mir das Gegenteil beweist. "So wie man mit mir umgeht, so gehe ich mit den andern um".

Österreich gibt einem die Möglichkeit, alles zu werden was man möchte, selbst wenn man schon älter ist. Ich bin froh über den Schutz des Staates bei Krankheit, Schwangerschaft, Karenz und dem Versicherungsschutz. Ich liebe die Berge, den Schnee, die frische Luft und die Menschen. Ich liebe Tirol sehr.

In Ägypten gibt es die Möglichkeit, sich frei zu bewegen und sich mit genügend Geld fast alles aufzubauen. Diese spezielle Freiheit, wenige Regeln und Gesetze kenne ich von Ägypten. Die Herzlichkeit und die großzügige Art der Menschen liebe ich auch. Vor allem das Meer liebe ich sehr, ohne Meer könnte ich nicht leben. Auch bin ich begeistert von den Pyramiden, den Pharaonen, der beeindruckenden Geschichte Ägyptens.

Was mich besonders an den Vorurteilen ärgert ist zum Beispiel die Annahme, dass ich so wie ALLE arabischen Frauen bin, das heisst unterdrückt und bevormundet werde und dass ich sicher irgendwann das Kopftuch trage. Mich ärgert das Unverständnis der Menschen, dass man nun mal nichts dafür kann, wo man geboren wird. Es ärgert mich sehr, mich andauernd rechtfertigen zu müssen, warum ich keinen Alkohol trinke, warum ich keine knappen Kleider trage etc., oder warum ich nie einen tiefen Ausschnitt trage, obwohl es mir eigentlich stehen würde.

Es stört mich andauernd hören zu müssen "na Gott sei Dank bist du keine Terroristin" oder die Aussage "naja, du bist eben anders". Die Unfähigkeit meiner Mitmenschen, sich einmal in MICH hinein zu versetzen und sich vorher zu überlegen, was solche Fragen und verbale Äusserungen anrichten können.

Was mich traurig macht ist, dass die Österreicher wollen, dass ich wie sie bin und nur dieser Weg der richtige ist. Ich möchte aber ICH selbst sein und mir aus allem was ich sehe, höre, lese, lerne und mitbekomme, das mitnehmen, was zu mir passt.

Es gibt eine Frage die mich immer wieder zum Staunen bringt: "Woher kommst du wirklich?" Darauf antworte ich mit "Österreich ".

Meistens versuche ich diplomatisch und mitfühlend mit

Vorurteilen umzugehen, nicht jeder versteht was dies bedeutet. Ich versuche Gegebenheiten authentisch zu erklären und lasse mir gern 100 Fragen dazu stellen. Diskutiert wird dann, wenn mein Gegenüber nicht wirklich zuhört, und einfach nur das sagt, was er glaubt und mir seine "Ansicht der Dinge" respektive seine Meinung aufzwingen will. Aus verschiedenen Erfahrungen habe ich lernen dürfen, dass es nichts bringt, aber natürlich streite ich, wenn ich persönlich angegriffen werde. Ich versuche zwar grundsätzlich ruhig zu bleiben, doch gelingt mir das nicht immer! Ich für mich habe gelernt, mich aus einer herausfordernden Situation zurückzuziehen, bedeutet nicht, feige zu sein, sondern sich selbst zu lieben, sich zu schützen, also sich manchmal von dem zu entfernen, was einem nicht gut tut.

Eigentlich habe ich immer gesagt, ich heirate NIE einen Ägypter, entweder einen von gleicher Abstammung wie ich oder einen Österreicher. Naja, man nimmt sich ja im Leben vieles vor und es kommt alles anders als man denkt! Auf alle Fälle habe ich im September 2015 meinen Mann geheiratet, der aus derselben Stadt stammt wie mein Vater! Ich finde es irgendwie schöner in meiner Vatersprache zu sprechen, ich habe auch das Gefühl, dass man von Österreichern nicht so verstanden wird wie von Ägyptern, dass irgendwie diese zweite Hälfte doch einiges ausmacht. Für mich ist es einfacher meine europäische Seite zu erklären bzw. verständlich zu machen, als die arabische Seite in Österreich. Was meine Partnerwahl auch stark prägte, war mein Streben nach Freiheit und Eigenbestimmung. Ich wollte einen Mann der mich als Mensch so liebt wie ich bin, egal woher er stammt.

Wir haben uns auf einer Hochzeit 2012 das erste Mal

gesehen, also hatten wirklich nur Blickkontakt, doch anscheinend sind wir uns gegenseitig aufgefallen. Er war bekannt mit der Braut, welche mich kannte. Damals gehörte ihm ein Braut- und Abendmodengeschäft. Er führte das Geschäft fast sechs Jahre lang. Aufgrund des Umstandes, dass sie ihr Hochzeitskleid bei ihm ausgeliehen hatte, fragte er bei ihr nach, wer ich denn sei und ob ich noch Single wäre. Nachdem er über die Braut die Frau meines Onkels kennen lernte, führten wir einige Gespräche und wollten eine Verlobungszeit vereinbaren, da ich ja in Österreich lebte und nur zu Besuch war. Er fragte meinen Vater um dessen Einverständnis, doch dieser lehnte ab. Nach meiner Rückkehr nach Österreich sprachen wir noch einige Wochen miteinander, doch ich brach den Kontakt zu ihm ab, da ich mir damals nicht vorstellen konnte, mit 21 Jahren schon zu heiraten. Er war nicht meiner Meinung und ließ mir weiterhin liebe Nachrichten zukommen.

Im Mai 2014 kamen wir wieder mehr ins Gespräch und er half mir über eine schwere Zeit hinweg. Zu dieser Zeit verliebte ich mich in ihn. Später hat er mir erzählt, dass er die ganze Zeit auf mich gewartet hätte!

Im März 2015 haben wir uns dann mit Einverständnis meines Vaters (es war nicht leicht, mein Papa mochte meinen Mann nicht so gerne) verlobt, also die Fatha gelesen. Wir haben jeden Tag telefoniert, geschrieben und auch über Video telefoniert. Ich hatte vorher nicht so gute Erlebnisse mit Männern und war deshalb sehr vorsichtig und habe ihn wirklich lange auf die Probe gestellt, was für ihn sicherlich oft nicht so einfach war.

Ich wusste, wenn ich heirate, dann jemanden der mir meine Freiheit lässt und mich nicht als seine Putzfrau oder sonstiges sieht. Manchmal habe ich ihn angeschwindelt, gesagt, dass ich weg gehe, aber eigentlich zu Hause war, da ich nur sehen wollte, wie er reagiert. Er hat immer sehr gut reagiert und viel über mich gelernt. Ich habe ihn sehr gut kennen gelernt, auch wenn wir räumlich getrennt waren. Fast ein Jahr lang haben wir nur gesprochen. Sein Charakter hat mir gefallen, seine Art, mit mir die Dinge offen anzusprechen, seine Gedankengänge, Sorgen und Ängste mir mitzuteilen. Übrigens bin ich davon überzeugt, dass dies der Schlüssel ist zu unserer tollen Beziehung. Im September 2015 haben wir dann geheiratet. Seit dem 15. April 2016 lebt er nun mit mir in Österreich. Derzeit mit einem sogenannten Besuchervisum. Seit Mai hat er den Aufenthaltstitel Familienangehöriger, arbeitet seit Juni und geht in einen A2 Deutschkurs.

In Ägypten betrieb er ein Braut- und Abendmodengeschäft. Von ihm kamen natürlich mein Verlobungs- und mein Hochzeitskleid. Er hatte das Geschäft fast sechs Jahre, bevor er es wegen des Umzugs nach Österreich schloss. Er meint, dass es für ihn im Moment egal wäre als was er arbeitet, Hauptsache, dass er Arbeit hat. In Ägypten hat er Betriebswirtschaft studiert. Hier in Österreich möchte er eine neue Ausbildung beginnen. In welche Richtung weiß er noch nicht genau, ich denke, das wird sich im Laufe der nächsten Wochen und Monate herauskristallisieren.

Ich habe eine Lehre als Bürokauffrau gemacht und dann noch die Ausbildung zur Berufsberaterin. Ich denke seit einiger Zeit darüber nach noch eine weitere Ausbildung in Richtung Psychotherapie zu absolvieren, aber zuerst soll mein Mann die Möglichkeit bekommen, eine neue Ausbildung zu machen. Wenn er dann anschließend in seiner neuen Tätigkeit arbeitet, kann ich ja dann eine neue Ausbildung machen. Ich bin bei einem Amt in Österreich angestellt. Ich wohne und arbeite in Wien. In Ägypten zu leben kommt für uns derzeit nicht in Frage, denn ich kann weder Arabisch lesen noch schreiben und außerdem was soll ich dort arbeiten? Ich kann mir nicht vorstellen, im Tourismusbereich oder als Deutschlehrerin zu arbeiten. Mein Mann mag Europa, er war schon mal 1 ½ Jahre in Italien und es gefiel ihm sehr. Derzeit ist unser Plan hier in Österreich zu leben. Zu meiner eigenen Situation kann ich nur eines sagen: Ich finde "anders" zu sein ist nichts schlechtes, nein, ganz im Gegenteil, es ist sogar gut. Man sollte sich nicht einreden lassen, dass man schlechter ist, weil man eine andere Abstammung hat. Mitgefühl und Einfühlungsvermögen lässt bei mir oft die Wut über das Verhalten anderer Menschen mir und anderen gegenüber, verpuffen.

Ich möchte allen, die in einer "solchen" Familie aufgewachsen sind wie ich es bin, sagen: Haltet euch an die Menschen, die euch lieben und stolz auf euch sind. Als Kind und Jugendlicher ist alles viel schwerer, behaltet euch eure Träume, bis ihr erwachsen seid, denn dann kann niemand mehr über euch bestimmen. Überlegt euch gut, welchen Partner ihr wollt, lasst euch von der arabischen Familie auf keinen Fall einreden, was richtig oder falsch ist.

Glaubt mir eins, wenn ihr später erkennt, dass ihr ein anderes Leben als euer eigenes Leben gelebt habt, werdet ihr unglücklich sein. Mein Mann sagte zu diesem Thema sehr passend: "Jeder sollte sich zuerst um sich selbst kümmern und dann um seine nahen Verwandten (Ehemann/frau, Kinder)! Wenn ihr Entscheidungen trefft und dabei alle glücklich machen wollt, bleibt ihr selbst auf der Strecke!

Nach vielen Kämpfen hier in Österreich und genau so vielen mit meiner Familie in Ägypten, stehe ich heute voll im Leben. Vielleicht war ich stur oder bin ich stur und habe vieles gemacht, was so gar nicht ins ägyptische Frauenbild passt, doch fühle ich mich frei und glücklich, selbstbestimmt. Meine ägyptische Familie sagte oft "DAS IST FALSCH!" und heute kann ich sagen, für sie war es so, vielleicht, doch für mich war es genau richtig! Traut euch das zu machen was ihr wollt, denn jeder Streit, jede Wut vergeht einmal. Mein Vater hat zu so vielem nein gesagt, und heute ist er stolz, dass ich so bin wie ich bin!

Mein Leben war und ist aufregend, interessant und so schön bunt! Ich liebe mein Leben und das was aus mir geworden ist. Ich bin anders und ich liebe es so!

Es gefällt mir sehr, dass diese junge Frau so fest zu ihren Ansichten steht! Sie hat Recht, nicht nur wenn man an Ägypten denkt, sondern generell. Leider wird in Ägypten das Leben der jungen Generation meistens von den Eltern bestimmt. Dadurch kommt es oft zu Konflikten. Ganz wichtig ist auch, dass der Partner offen ist, über seine Pläne, Gedanken und Probleme spricht und am gleichen Strang zieht. Eine offene, authentische Kommunikation ist der Schüssel zu einer guten Beziehung! Diese beiden haben es begriffen!

Kapitel 9: Eine "Halbhalbi" in Deutschland

Zwei Fotos gehen mir immer wieder durch den Kopf. Das eine Foto zeigt eine konventionelle ägyptische Großfamilie bei einem Familientreffen zum Opferfest vor ihrem Landhaus im Nildelta, das andere eine deutsche Großfamilie bei einem Familientreffen zu einem runden Geburtstag in der Rhön. Zwei Fotos, auf denen man kaum Überschneidungen vermuten würde. Und doch gibt es sie, denn das eine Foto zeigt die Verwandtschaft meines ägyptischen Vaters und das andere die Verwandtschaft meiner deutschen Mutter. Und auf beiden Fotos irgendwo mittendrin bin ich.

Nachdem meine Eltern sich in Deutschland kennen gelernt hatten, entschieden sie sich, ihr gemeinsames Leben in Ägypten aufzubauen. Es dauerte nicht lange bis meine ältere Schwester zur Welt kam, bald darauf folgte ich und einige Jahre später meine jüngere Schwester. Als Kinder verbrachten meine Schwestern und ich viel Zeit miteinander. Unser Alltag spielte sich weitgehend in der Wohnung ab und trotz der begrenzten Möglichkeiten waren wir nie um Beschäftigung verlegen. Am liebsten spielten wir mit Puppen und bauten Häuser. Auf unserem großen Balkon hatten wir genug Platz, dass wir sogar mit den Rollschuhen und dem Fahrrad darauf fahren konnten.

Während meiner Kleinkinderzeit war meine Mutter nicht berufstätig, sie war immer mit uns zusammen und wir hatten eine ausgesprochen enge Bindung zu ihr. Entsprechend wurden wir auch stark von ihr geprägt. Dies äußerte sich auch in unserer Familiensprache, die von Beginn an Deutsch war und es auch immer blieb. Zu meinem Vater hatte ich ein deutlich distanzierteres Verhältnis. Deshalb war mir auch die arabische Sprache nicht vergleichbar vertraut, auch wenn ich sie von klein auf verstand.

Auch unsere Freunde waren meist Kinder aus deutsch-ägyptischen Ehen. Wir besuchten uns gegenseitig zu Hause oder trafen uns im „Klub", einem Sport- und Gesellschaftsklub, wie es sie in Ägypten häufig gibt. Im Gegensatz zu den anderen Mädchen im Klub trugen wir Hosen, kurze Haare und keine Ohrringe, weshalb wir oft für Jungen gehalten wurden. Auch unsere Art der Beschäftigung war ungewöhnlich, da wir am liebsten auf Bäume kletterten oder uns aus herumstehendem Baumaterial Häuser bauten. Nachdem wir uns auf Deutsch unterhielten, wurden wir immer wieder mit der typischen Ausländerfrage „What's your name?" konfrontiert, auf die wir eher gereizt reagierten.

In den Sommerferien sind wir im Allgemeinen nicht weggefahren. Die einzigen Unternehmungen waren unsere Deutschlandreisen. Mit drei Jahren war ich zum ersten Mal in Deutschland, danach erst wieder fünf Jahre später. Bei den darauf folgenden Reisen wurden die Abstände immer kleiner. Erinnerungen daran, wie ich bei meiner ersten Deutschlandreise diese neue Welt aufgenommen habe, habe ich nicht mehr, allerdings empfanden wir Deutschland in unserer Kindheit generell als sehr positiv und von den Erlebnissen unserer Deutschlandreisen zehrten wir immer noch sehr lange. So war auch zweieinhalb Jahre nach meiner ersten Deutschlandreise ein Ausflug in die Rhön noch Thema für ein Gedicht (In der Rhön da ist es schön...). Auch über die Besuche unserer deutschen Verwandten haben wir uns immer sehr gefreut.

Im Kindergarten einer deutschen Nonnenschule hatte ich zum ersten Mal die Möglichkeit, meine Freunde selbst auszusuchen. Gerade aus Deutschland zurückgekommen, ergaben sich schnell Kontakte zu meinen deutschen Klassenkameraden, die im Allgemeinen Kinder von Lehrern oder Experten waren, die für ein paar Jahre ins Ausland entsandt wurden und deutlich in der Minderheit gegenüber den ägyptischen Kindern waren. Berührungspunkte zwischen den deutschen und ägyptischen Kindern gab es kaum. Dies blieb auch in der Grundschule so. Auf dem Schulhof gab es sogar einen abgetrennten Bereich, der „nur für Deutsche" zugänglich war. Andere deutsch-ägyptische Kinder gab es in meiner Klasse nicht.

Im Gegensatz zu meinen deutschen Klassenkameraden musste ich an den verhassten arabischen Fächern teilnehmen, was neben der Tatsache, dass ich mich bei den arabischen Lehrerinnen nicht sehr wohl fühlte, auch bedeutete, dass ich oft länger Schule und deutlich mehr Hausaufgaben hatte. Hinzu kam, dass Schule bei meinem Vater – wie bei vielen ägyptischen Vätern – immer oberste Priorität hatte, und ein Treffen mit Freunden unter der Woche für ihn grundsätzlich nicht in Frage kam. Auch eine Übernachtung bei meiner besten Freundin war niemals möglich, für meine Freunde hingegen war all dies selbstverständlich.

Glücklicherweise wohnten wir in demselben Stadtteil wie die meisten deutschen Familien, so konnte ich am Wochenende allein zu meiner besten Freundin gehen. Wie die meisten von Deutschland entsandten Lehrerfamilien wohnte meine Freundin in einer "Villa" mit Garten. Dort konnten wir Rad fahren oder wir spielten Kaufladen. Mit unserer Kiste zogen wir auch einmal los, um Bekannten unsere selbst gebastelten Waren zu verkaufen. Ab und zu strolchten wir auch mit Freunden durch die Straßen und spielten Klingelstreich (in Ägypten völlig unüblich) oder liefen auch mal unter einem stehenden Zug durch. Für uns waren das tolle Kindheitserlebnisse!

In den Ferien sind meine deutschen Freunde immer weggefahren. In den langen Sommerferien waren sie in Deutschland und in kürzeren Ferien machten sie mit ihren Campingbussen Fahrten in die Wüste. Solche Reisen waren für uns einerseits finanziell gar nicht möglich, andererseits ist diese Art von Urlaub in Ägypten auch nicht üblich. Hinzu kam, dass für meinen Vater Urlaub generell als unnötig galt. So herrschte eine ziemlich große Diskrepanz zwischen dem, was wir bei unseren deutschen Freunden und Verwandten mitbekamen und dem, was wir selbst erleben konnten. Unsere Träume erfüllten wir uns dann in der Barbiewelt: Teenager, die ein freies unbeschwertes Leben führten, Frauen, die sich freizügig kleideten, Väter, die ihren Töchtern nicht in deren Leben reinredeten und natürlich Familien, die viel auf Reisen waren. Aus Abfällen bastelten wir Campingbusse, aus Stoffresten nähten wir Zelte und Schlafsäcke. Unseren Barbies fehlte es wirklich an nichts! Aus Kartons bauten wir Häuser für sie, die mit der Zeit immer professioneller ausgestattet wurden. Aus dem Spiel ist dann auch die Idee meines späteren Berufes entsprungen: Ich wollte "Häuser bauen", einen besseren Begriff kannte ich damals noch nicht und so studierte ich später Architektur.

Obwohl ich kein enges Verhältnis zu meinen ägyptischen Klassenkameradinnen hatte, kam es immer wieder vor, dass ich von ihnen zum Geburtstag eingeladen wurde. Meistens brachte mich mein Vater zu diesen Geburtstagen. Bevor ich das Haus verließ, erinnerte mich meine Mutter immer daran Höflichkeitsfloskeln wie "bitte" und "danke" anzuwenden und natürlich meinen Teller leer zu essen. Letzteres war für mich eine echte Herausforderung, da die ägyptischen Mütter mir oft einen völlig überfüllten Teller in die Hand drückten, allerdings keineswegs erwarteten, dass ich diesen Teller komplett leer essen würde. Ganz im Gegenteil, wahrscheinlich wirkte das auf sie so, als ob ich zu Hause nichts zu essen bekommen würde! Gut erzogen wie ich war, stopfte ich mich voll bis ich absolut nicht mehr konnte und ließ bei alledem doch noch einen Rest übrig und hatte dabei ein ziemlich schlechtes Gewissen. So wurden ägyptische Geburtstage für mich schnell zum Albtraum!

Eines Tages bin ich beim Klettern vom Baum gefallen und habe mir dabei den Arm verstaucht. Ich erinnere mich noch gut, was in meinem Kopf vorging, als ich einer arabischen Lehrerin erklären musste, was passiert war. Mir war in diesem Moment durchaus bewusst, dass das eine völlig absurde Idee für meine Lehrerin sein würde und es sich aus ihrer Sicht für Mädchen sicher auch nicht gehöre, solche „Dummheiten“, wie auf einen Baum zu klettern, zu machen.

Für meinen Vater war es immer klar, dass wir Ägypter waren, und er ging auch automatisch davon aus, dass wir alle wie Ägypter denken würden. Das war in unserer sehr abgeschiedenen Welt jedoch eine sehr unrealistische Vorstellung. Auch meine Mutter machte uns lange Zeit klar, dass wir in Ägypten Ägypter seien. Vor dem Hintergrund, dass Ägypter in der Schule zu dieser Zeit gegenüber Deutschen deutlich benachteiligt wurden und meinem Empfinden nach als Menschen zweiter Klasse galten, habe ich dies nie sonderlich gerne gehört. In unserer Familie wurde diese Einstellung zwar nicht propagiert, aber offensichtlich auch gar nicht insoweit wahrgenommen, als dass man dem hätte entgegen wirken können. In den Augen meiner Eltern sollte ich immer etwas anderes sein als ich im Grunde genommen war bzw. sein wollte, was ich als überaus lästig empfand.

Mein Vater hatte in vielerlei Hinsicht seinen eigenen Kopf und kümmerte sich wenig um die Gesellschaft. Während Show und Protz in Ägypten eine große Rolle spielen, legte er hingegen überhaupt keinen Wert darauf. So hatten wir beispielsweise auch nie ein schickes Auto oder sonstige Statussymbole, auch wenn wir manches uns wohl hätten leisten können. Wir waren auch nahezu die einzige Familie im Haus, die keine Haushaltshilfe beschäftigte. Manches mussten wir uns deutlich härter erkämpfen als andere Kinder aus vergleichbaren Familien. Mein Vater unterstützte jedoch Bildung und Hobbys, wie zum Beispiel Bücher, die in Ägypten relativ teuer waren, oder Klavierstunden, Schwimmunterricht, Malstunden, Sprachkurse und andere Aktivitäten. In Ermangelung eines Sohnes - was für ihn grundsätzlich kein Problem darstellte - brachte er uns Mädchen auch den Umgang mit Werkzeug und Elektrizität bei.

Religion – ein überaus wichtiges Thema in Ägypten – spielte in unserer Kindheit eine untergeordnete Rolle. Mein Vater war zwar ein gläubiger Muslim, für ägyptische Verhältnisse war er aber nicht besonders religiös. Dennoch war es ihm – wie fast allen Ägyptern – sehr wichtig, dass wir diese Religion übernehmen würden. Auf dem Papier erfolgte dies automatisch, da die Religion in Ägypten über den Vater vererbt wird. Mein Vater hätte es auch gerne gesehen, dass wir mehr von dieser Religion verinnerlicht hätten, er trug jedoch wenig dazu bei. Religion, wie er sie vermittelt hat, bestand im Wesentlichen aus Verboten und Geboten, was bei uns eher eine gewisse Abneigung hervorrief. Er vertrat auch die Meinung, dass die Moralvorstellungen in Ägypten viel besser als in Deutschland seien, weshalb wir auch ganz bewusst in Ägypten aufwachsen sollten. Nachdem wir jedoch ziemlich isoliert von der ägyptischen Gesellschaft lebten, hatte diese auch in dieser Hinsicht wenig Einfluss auf uns. Werte, unabhängig von einer bestimmten Religion, sowie das Verständnis eines "lieben Gottes" brachte uns unsere Mutter bei.

Da meine deutschen Klassenkameraden immer nur für eine begrenzte Zeit in Ägypten blieben, änderte sich unser Freundeskreis stetig und für mich fühlte es sich so an, als ob alle Leute an uns "vorbeiziehen" würden und wir die Einzigen waren, die blieben. Ein großer Einschnitt in meinem Leben war für mich die Abreise meiner jahrelang besten Freundin, welche nach der 4. Klasse nach Deutschland zurückkehrte. Zum Glück fanden sich wieder neue Freunde, auch wenn das Verhältnis nie mehr so innig war.

Weil unsere Schule damals nur zu einem ägyptischen Schulabschluss führte, verringerte sich die Zahl der deutschen Schüler deutlich in den oberen Klassen. Die Vorstellung, bald keine deutschen Klassenkameraden mehr zu haben, fühlte sich für mich beängstigend an. Bei einem Deutschlandaufenthalt in dieser Zeit wäre ich am liebsten dort geblieben. Auch die Gruppe unserer deutsch-ägyptischen Bekannten entwickelte sich mehr und mehr auseinander. Manche orientierten sich immer mehr nach Deutschland und verbrachten im Sommer viel Zeit dort, andere fühlten sich mehr in Ägypten zuhause und unterschieden sich immer weniger von anderen Ägyptern. Als dann tatsächlich die letzte deutsche Schülerin meine Klasse verlassen hatte, war meine engste Freundin eine Ägypterin, die jahrelang in Deutschland gelebt hatte. Von allen übrig gebliebenen Klassenkameraden war sie mir deutlich am nächsten, obwohl die Interessen der ägyptischen Klassenkameradinnen in diesem Alter sich nicht wesentlich von den Interessen deutscher Jugendlicher unterschieden. Musik, Tanzen, Mode und Jungs waren die großen Themen. Nach der Mittelstufe wurden die beiden Parallelklassen zusammengelegt. In der neuen Klasse war nur eine Minderheit aus meiner alten Klasse, und auch meine beste Freundin war nicht mehr dabei. Es war ein Neuanfang, der aber auch eine Chance mit sich brachte. Die neue Gruppe entpuppte sich als recht kreativ und unterhaltsam und verstand sich auch mit den Lehrern ausgesprochen gut. So hat mir der Unterricht oft viel Spaß bereitet. In der Zwischenzeit hatte sich die Beziehung zwischen den deutschen Lehrern und den ägyptischen Schülern generell viel mehr hin zu einer Begegnung auf gleicher Ebene entwickelt. Im Anschluss an dieses Schuljahr waren mehrere von meinen Klassenkameradinnen im Rahmen eines Austauschprogramms in Deutschland, wo sich Schüler aus aller Welt begegneten. Diese Idee faszinierte mich damals sehr und seitdem wünschte ich mir, so etwas auch einmal zu erleben. Es war eine Art Verkörperung eines Traumes von einer heilen Welt, in der alle gleichermaßen akzeptiert werden.

Als ich die Schule beendet hatte, stand die Einschreibung an der Uni bevor. Im Gegensatz zu meinen Klassenkameraden, die oft von den Eltern zu einem bestimmten Studienfach gedrängt wurden, konnte ich mein Studium frei wählen. Ich entschloss mich zu einem Architekturstudium an einer kleineren Fakultät, in der es etwas familiärer zuging und die nicht in einem der großen Unicampusse untergebracht war. Mit dem Studium fing für mich wieder eine neue Epoche an. Es war das erste Mal, dass ich eine ägyptische Lehrinstitution besuchte. Obwohl es klar war, dass dies eine Umstellung bedeuten würde, blickte ich diesem neuen Lebensabschnitt eher mit Neugier als mit Angst entgegen. Eine Hilfe war dabei sicher, dass zwei meiner Klassenkameradinnen sich auch für diesen Studiengang entschieden haben.

Im Allgemeinen war das Studium für mich eine schöne Zeit. Im Gegensatz zur Schule, die fast ausschließlich von Kindern der Mittel- und Oberschicht besucht wurde, kamen die Studenten aus ganz unterschiedlichen Gesellschaftsschichten und Landesteilen. So kam ich an der Uni mit vielen verschiedenen Menschen in Kontakt, was mir einen viel tieferen Einblick in die ägyptische Gesellschaft verschaffte. Unterstützt wurde dies u.a. durch die Tatsache, dass wir immer wieder in Gruppen arbeiteten und verschiedene Projekte in sozial schwachen Gebieten durchgeführt haben. Meine engeren Freunde waren dennoch aus einer ähnlichen sozialen Schicht wie die früheren Klassenkameraden.

Obwohl meine Fakultät im Vergleich zu anderen Fakultäten liberal war und es keine sogenannten „islamischen Gruppen“ gab, spielte Religion an der vermeintlich religionsneutralen Uni eine deutlich größere

Rolle als an der katholischen Schule. Es war sehr wichtig zu wissen, wer welcher Religion angehörte, da es beispielsweise ein absoluter "Fauxpas" gewesen wäre, einem Christen zu einem muslimischen Fest zu gratulieren oder umgekehrt. Insgesamt herrschte jedoch ein guter Umgangston untereinander. Wer als „anständig“ galt, wurde nicht an Religion oder Äußerlichkeiten festgemacht, sondern an inneren Werten.

Im Großen und Ganzen war ich an der Uni gut integriert. Nachdem ich mich jedoch keiner gesellschaftlichen oder religiösen Gruppe klar zuordnen konnte, ertappte ich mich immer wieder in der Beobachterrolle. Mehr und mehr lernte ich die Denkweise und Spielregeln der ägyptischen Gesellschaft kennen. Von meinen Kommilitonen wurde ich durchaus akzeptiert, gleichzeitig gingen sie aber auch selbstverständlich davon aus, dass ich hinsichtlich unantastbarer Themen wie Moral und Religion ihre Einstellung teilte. Den Mut, klarzustellen, dass dies nicht der Fall war, hatte ich nicht und so versuchte ich, kritische Themen immer zu umgehen. Besonders schwierig empfand ich ein Praktikum in einem ausländischen Unternehmen, in dem sowohl ägyptische als auch europäische Mitarbeiter tätig waren, wo jede Seite völlig andere Erwartungen an mich stellte.

Kurz nach Abschluss meines Studiums wurde Ägypten von einer islamischen Welle überrollt. Immer mehr Männer ließen sich einen Bart wachsen und gaben Frauen nicht mehr die Hand und immer mehr Frauen entschieden sich dazu, ein Kopftuch zu tragen. Beten und Fasten spielte eine immer größere Rolle in der Öffentlichkeit und statt im Klub traf man sich nun zum Koranunterricht in der Moschee. Radikale Gedanken wie die Verdammung von

Musik als Teufelswerk hielten plötzlich Einzug in der Mitte der Gesellschaft. Im Alltag erlebte ich immer wieder, wie Christen diskriminiert wurden oder hinterrücks Hass gegen sie offenbart wurde. Auch in meinem Arbeitsumfeld herrschte eine zunehmend engere soziale und geistige Sichtweise. Diese Entwicklung hatte für mich etwas Bedrohliches. Meine Schwestern und meine Mutter machten ähnliche Erfahrungen und sie waren die Einzigen, mit denen ich mich offen darüber austauschen konnte. Dies führte dazu, dass wir uns immer mehr zusammenschlossen und uns zunehmend von der Gesellschaft distanzierten. Während dieser Zeit wurde meine Toleranz häufig auf die Probe gestellt. Ich stellte fest, dass ich immer nur so tolerant sein konnte, wie mein Gegenüber war. Der Liedtext "Die Gedanken sind frei", über welchen ich als Kind nie näher nachgedacht hatte, gewann für mich plötzlich immer mehr an Bedeutung. Jahre später begegnete ich genau diesem Text auf der Documenta in Kassel wieder, in viele Sprachen übersetzt, unter anderem ins Arabische.

Auch mein Vater hat sich zunehmend von der Gesellschaft beeinflussen lassen. Der Rest der Familie und er lebten in zwei völlig verschiedenen Welten. So fühlte ich mich auch von Zuhause aus einem gewissen Druck ausgesetzt, viel stärker war jedoch der Druck der Gesellschaft.

Nach dem Studium wohnte ich immer noch bei meinen Eltern. Eine eigene Wohnung kam nicht in Frage, da es in Ägypten unüblich ist, dass Frauen vor der Heirat aus dem Elternhaus ziehen, sofern sie nicht durch das Studium oder andere Umstände dazu gezwungen sind. Aufgrund der Einschränkungen meines Zuhauses war es nicht einfach, eine eigenständige Persönlichkeit zu entwickeln. Der einzige Bereich, in dem ich eigenmächtig handeln konnte, war mein Beruf, daher spielte dieser eine besonders wichtige Rolle für mich. Zunächst arbeitete ich in einem Architekturbüro, später an der Universität. Ich verbrachte viel Zeit bei der Arbeit und steckte viel Energie hinein. Im Laufe der Zeit erkämpfte ich mir dadurch eine gute Stellung und dennoch war ich mit meiner Arbeit nicht zufrieden. Aufgrund meiner zuverlässigen Arbeitsweise wurde mir oft sehr viel Arbeit aufgeladen, während andere Kollegen in dieser Zeit einem Zweitjob nachgehen konnten. Außerdem fehlte mir an der Uni der Input aus der Praxis, und die Richtung, in die ich mich beruflich entwickeln wollte, war in Ägypten so gut wie nicht vertreten. Hinzu kam, dass mein Gehalt gerade einmal ein Taschengeld war, mit dem ich nie auf eigenen Beinen hätte stehen können, und ich mich in meinem teilweise sehr engen sozialen Umfeld nicht wohl fühlte. Da ich mich zusätzlich von Zuhause aus eingeengt fühlte, wurde der Wunsch nach einem freien, eigenständigen Leben immer größer. Als im Rahmen meiner Unitätigkeit die Promotion anstand, war dies für mich eine Chance, Ägypten zu verlassen. Für mich war es nahe liegend, nach Deutschland zu gehen, da Deutschland auf dem Gebiet, auf welchem ich mich spezialisieren wollte, eine Vorreiterfunktion hatte, mir Sprache, Land und Kultur bekannt waren und ich dort Verwandte und Bekannte hatte. Während meines Studiums hatte ich bereits ein Praktikum in Deutschland absolviert, das mir zeigte, dass ich auch fachlich in Deutschland gut zurechtkam. Von den Ersparnissen von sechs Jahren Arbeit leistete ich mir schließlich ein Flugticket nach Deutschland.

An einem kalten Wintertag kam ich mit einem großen Koffer in einer winzigen Wohnung ohne Möbel an. In den ersten zwei Wochen musste ich mich mit einer geliehenen Luftmatratze und einem Schlafsack begnügen. Ich kannte niemanden in der Stadt und war überaus glücklich, als ich endlich einen Telefonanschluss hatte, über den ich Kontakt zu meiner Familie aufnehmen konnte. Nachdem ich keinen Arbeitsplatz an der Uni bekam, hatte ich auch in den darauf folgenden Monaten wenig Gelegenheit, mit anderen Leuten in Kontakt zu kommen. Auch privat bot sich nur selten die Möglichkeit, neue Leute kennen zu lernen, da in meiner Wohnumgebung alles sehr anonym ablief und organisierte Freizeitangebote meist zu teuer waren. So nahm ich verstärkt Kontakt zu alten Bekannten in Deutschland auf, unter anderem zu meiner besten Freundin aus Grundschulzeiten, die nun wieder in meiner Nähe wohnte. Obwohl mein Start in Deutschland eine herausfordernde Zeit war, verlor ich nie den Mut. Eine große Stütze während dieser Zeit war meine Mutter, die mich sehr stark – finanziell wie ideell - unterstützte. Außerdem war ich mir immer dessen bewusst, dass es mir in Ägypten unter keinen Umständen besser gehen würde. Immerhin hatte ich meine eigene, wenn auch sehr kleine Wohnung, in der ich tun und lassen konnte was ich wollte, denn niemand kümmerte es, wo ich war oder warum ich so spät nach Hause gekommen sei. An heißen Tagen konnte ich leicht bekleidet durch die Straßen laufen und mir die Sonne auf die Haut brennen lassen....

Zunächst vermied ich jeglichen Kontakt zu Ägyptern oder Arabern, da ich keinerlei Einengungen riskieren wollte. Bei meinem Umzug hatte ich auch bewusst auf ägyptische Dekorationsgegenstände verzichtet, da ich nicht wusste, inwiefern ich solche Dinge gerne in meiner neuen

Umgebung haben würde. Später bekam ich von einer Deutschen, die ich aus Ägypten kannte, eine orientalische Laterne geschenkt, über die ich mich sehr freute. Mit der Zeit holte ich dann auch andere Stücke in meine Wohnung, die ich bislang bei meinen Eltern gelassen hatte.

In den ersten Jahren in Deutschland besuchte ich häufig meine Großtante, die immer noch im Haus meiner Großeltern wohnte. Das fühlte sich für mich wie ein Stück Heimat an. Immer wenn ich zu ihr fuhr, fuhr ich "nach Hause". Dort hatte ich mein festes Zimmer und mein Bett. Meine Großtante hatte immer Zeit für mich und sie gab mir hilfreiche Tipps. Als nach ihrem Tod das Haus verkauft wurde, ging für mich ein Stück Heimat verloren.

Auch wenn ich in Ägypten immer anders als die anderen war, so war diese Situation doch von klein auf gewissermaßen normal für mich und hat mich nicht so intensiv beschäftigt. Durch den Umzug nach Deutschland brach diese ganze Thematik noch einmal in ihrer gesamten Tragweite auf. So waren meine Gedanken - in einem Alter, in dem andere mit Familiengründung beschäftigt sind - von ganz anderen Themen geprägt. Fragestellungen wie "Wer bin ich eigentlich? Wohin gehöre ich? Wo liegen meine persönlichen Grenzen?" haben mich intensiv beschäftigt. Bislang wurden mir Grenzen immer von der Gesellschaft auferlegt. Ich wusste lediglich, dass meine eigenen Grenzen nicht so eng gefasst waren, hatte aber nie die Gelegenheit, diese zu definieren. Ich brauchte viel Zeit, um diese Themen zu verarbeiten und musste mein eigenes Leben langsam austesten. Für Gedanken an einen Partner blieb zu diesem Zeitpunkt kein Raum.

Ähnlich wie in Ägypten musste ich auch in Deutschland die Gesellschaft und den Alltag erst einmal kennen lernen. Dinge wie Steuererklärung etc., bei denen andere oft von ihren Eltern Unterstützung erhielten, musste ich mir weitgehend selbst beibringen. Auch fachlich hatte ich einiges aufzuholen, jedoch konnte ich diese Lücken vergleichsweise schnell schließen. Bereits im Rahmen meiner Masterarbeit in Ägypten musste ich viel selbst erarbeiten, was mir später in Deutschland zugute kam. Ich fasste beruflich Fuß und konnte mich sogar schnell von anderen hervorheben. Mit der Anerkennung meines Abschlusses hatte ich keinerlei Probleme. Was mir in Deutschland jedoch fehlte, war ein berufliches Netzwerk, das ich in Ägypten in der Zwischenzeit aufgebaut hatte.

Da ich akzentfrei Deutsch spreche und auch sonst nicht sehr fremd wirke, sind die Leute in Deutschland immer wieder völlig überrascht, wenn sie erfahren, dass ich in einem anderen Land aufgewachsen bin. Im Beruf bin ich gewissermaßen stolz darauf, da dies indirekt bedeutet, dass ich trotz meiner ganz anderen Ausbildung fachlich nicht aus dem Rahmen falle. Privat würde ich mir jedoch wünschen, dass die Leute mich besser erfassen könnten. Selbst für meine engeren Bekannten ist meine Vergangenheit oft schwer nachvollziehbar, auch wenn ich viel davon erzähle. So muss ich beispielsweise immer wieder erklären, dass ich als Kind kein deutsches Fernsehprogramm oder keinen Schnee hatte, eigentlich banale Dinge, die aber doch immer wieder eine Rolle spielen. Auch ist es für viele kaum vorstellbar, dass ich akzentfrei arabisch spreche, obwohl auch in Deutschland heutzutage so viele Menschen zweisprachig aufwachsen. In mancher Hinsicht bin ich durchaus auch von Ägypten geprägt, z.B. empfinde ich manche Reaktionen in Deutschland als sehr kaltherzig. Dennoch realisiere ich oft als Einzige meinen andersartigen Hintergrund und es kommt mir fast wie mein eigenes kleines Geheimnis vor, das ich mit mir herumtrage.

Auf der anderen Seite habe ich die Erfahrung gemacht, dass dieser spezielle Hintergrund auch ein sehr verbindendes Element sein kann, wenn man auf Menschen mit einem ähnlichen Hintergrund trifft. Man versteht sofort, was gemeint ist, was andere mit noch so viel Erklärung nie erfassen könnten, und man kann über Vieles gemeinsam lachen. So freue ich mich, wenn ich ab und zu alte deutsch-ägyptische Bekannte oder andere Ägypten-Kenner treffe, mit denen man sich über solche Themen unterhalten kann.

Auch in Deutschland nehme ich immer wieder die Beobachterrolle ein. So stelle ich immer wieder fest, dass die simple Erfahrung, "dass es woanders anders ist", vielen Leuten fremd ist, obwohl viele Deutsche gerne und oft reisen. Aufgrund meines familiären Hintergrunds war dieser Gedanke für mich von klein auf selbstverständlich. Ebenso ist mir häufig parallel noch eine ganz andere Sicht der Dinge bekannt. Oft ertappe ich mich dabei, wie ich die jeweils andere Seite verteidige bzw. versuche, den Leuten zu erklären, wie die andere Seite denkt. Auch wenn ich mit dieser nicht immer einer Meinung bin, so kann ich mich – auch in die ägyptische Mentalität – doch gut hineindenken. Hierdurch kann ich Menschen – fast egal welcher Kultur – oft besser verstehen, und es zeigen sich auch immer wieder Parallelen zu einer der mir bekannten Kulturen. Von dieser Erfahrung habe ich sogar in Deutschlands Nachbarländern schon profitiert.

Neben den Unterschieden erkenne ich auch immer wieder Parallelen zwischen den unterschiedlichen Kulturen.

Muster, die mir aus der ägyptischen Gesellschaft bekannt sind, beobachte ich auch immer wieder in Deutschland, beispielsweise das starke Geltungsbedürfnis vieler Männer und die Unterwürfigkeit vieler Frauen. Hierbei fällt mir auf, dass die Deutschen, wenn es um Ägypten geht, sehr schnell diese Thematik ansprechen, in diesem Zusammenhang aber sehr unkritisch sind, was die Situation im eigenen Land betrifft.

Generell empfinde ich es als nicht einfach, wenn Menschen aus unterschiedlichen Kulturen zusammentreffen. Selbst bei viel Toleranz und gutem Willen erfordert das gegenseitige Erklären und Zuhören viel Geduld, und manches kann letztendlich vielleicht auch gar nicht erfasst werden. Auch Aspekte wie Geschmack werden in unterschiedlichen Kulturen unterschiedlich empfunden und führen schnell zu Meinungsverschiedenheiten bzw. einem Überheblichkeitsgefühl auf einer Seite.

Im Laufe der Zeit lernte ich eine private Initiative kennen, die ausländische Studierende beim Einstieg in den deutschen Alltag unterstützt. Diese Initiative sprach mich aufgrund ihres offenen Umgangs mit den Studenten an. Hier war jeder willkommen und jeder wurde so angenommen, wie er war. Über diese Initiative lernte ich Menschen aus vielen verschiedenen Ländern und Kulturen kennen und es entwickelten sich nachhaltige Freundschaften. So verwirklichte sich hiermit ganz unverhofft ein alter Traum aus meiner Schulzeit.

FAZIT

Trotz vieler Schwierigkeiten habe ich die Entscheidung, nach Deutschland zu gehen, nie bereut. Der Wechsel hat mich zwar viel Kraft und auch einige Berufsjahre gekostet, wenn ich mir aber vorstelle, was aus meinem Leben in Ägypten geworden wäre, habe ich auf jeden Fall etwas gewonnen. Rückblickend wäre es wesentlich einfacher gewesen, bereits zum Studium nach Deutschland zu wechseln, was mein Vater damals allerdings nicht zugelassen hätte. Elf Jahre nach meinem Umzug bin ich mit meinem Leben in Deutschland im Großen und Ganzen zufrieden. Auch wenn ich auch hier nicht mitten in der Gesellschaft lebe, habe ich durchaus das Gefühl, hier angekommen zu sein

Ich bin beruflich etabliert, genieße meine Freiheit, habe die Natur für mich entdeckt, mache gerne Reisen und Fahrradtouren und konnte mir in der Zwischenzeit auch meinen Kindertraum des Zeltens erfüllen. Selbst ans Skifahren habe ich mich mit über 35 Jahren noch gewagt, auch wenn ich bislang noch keine großen Erfolge aufweisen konnte.

Bis heute prägt mich die Tatsache, eine "Halbhalbi" zu sein. Sicher hätte ich es leichter gehabt, wenn ich in einer einheitlichen Umgebung aufgewachsen wäre, aber gleichzeitig ist dies ein wichtiger Teil meiner Identität, der nicht wegzudenken wäre. Mir ist bewusst, dass ich hierdurch einen weiteren Horizont habe, im Alltag bringt mir dies jedoch keine spürbaren Vorteile. Auch im Beruf kann ich meine interkulturellen Fähigkeiten leider nur sehr bedingt einsetzen, da ich mich weitgehend in einem deutschen Umfeld bewege. Manchmal sehne ich mich auch einfach danach, ein "ganz normaler Mensch" - wie alle anderen - zu sein und denke, dass man diese Erfahrung, wenn man sie erst gar nicht macht, auch nicht vermissen würde.

Mit der Frage der Herkunft bzw. Zugehörigkeit gehe ich inzwischen etwas lockerer um und die Thematik beschäftigt mich nicht mehr so intensiv. Wichtig ist mir, dass ich so akzeptiert werde, wie ich bin, was durchaus der Fall ist. Manchmal finde ich es schade, dass zwischen meinem Leben in Deutschland und meinem früheren Leben in Ägypten so wenig Kontinuität besteht. So kommt mir mein Leben in Deutschland fast wie ein zweites Leben vor. Mit meiner jetzigen Umgebung komme ich gut zurecht, unterstützt durch die Tatsache, dass ich inzwischen auch in Deutschland eine Vergangenheit und somit auch mehr Gemeinsamkeiten mit den hier lebenden Menschen habe. Dennoch bin ich gewissermaßen immer noch auf der Suche nach Menschen mit einem ähnlichen Hintergrund, die es trotz der Multikulti -Gesellschaft in Deutschland kaum gibt. Ich freue mich immer wieder, wenn irgendwo Berührungspunkte mit Ägypten auftauchen. Auch Begegnungen mit Ägyptern nehme ich inzwischen gelassener. Das Gefühl, dass ich jetzt schon länger in Deutschland lebe, gibt mir dabei die notwendige Sicherheit. Auch in Ägypten werden mir als "im Ausland lebende Ägypterin" mehr Freiheiten zugestanden, die ich gerne in Anspruch nehme.

Religion spielt auch heutzutage keine große Rolle in meinem Leben. Als betont rationaler Mensch ist es für mich nicht einfach, mit einem Thema umzugehen, das in gewisser Weise das menschliche Vorstellungsvermögen übersteigt. Die Vorstellung eines "lieben Gottes" habe ich in mein eigenes Leben mitgenommen, ohne mich von den Zwängen einer bestimmten Religion einfangen zu lassen.

Inzwischen hat es sich eingespielt, dass ich einmal im Jahr nach Ägypten reise. Im Vordergrund steht bei diesem

Besuch die Familie, aber ich treffe mich auch mit alten Bekannten, die noch in Ägypten leben. Ich weiß immer noch genau, wie ich mich dort zu verhalten habe, und passe mich dort ganz automatisch an. Das gilt nicht zuletzt für den Verkehr. Inzwischen fahre ich ganz gerne nach Ägypten, allerdings immer mit dem Hintergrundwissen, dass es nur für eine begrenzte Zeit ist. Dort versuche ich, die negativen Seiten auszublenden und die positiven Seiten zu genießen. Hierzu gehört die Herzlichkeit der Menschen, das sonnige Wetter im Winter, das ich früher nie so bewusst wahrgenommen habe, Orte, mit denen ich Kindheitserinnerungen verbinde, und vieles mehr. Das Jonglieren zwischen den Welten übt mittlerweile auch eine gewisse Faszination auf mich aus. Seit der Revolution ist in der gebildeten Schicht auch ein etwas kritischerer Geist zu spüren und die religiöse Welle ist wieder etwas abgeebbt. Dass ich als unverheiratete Frau alleine im „Ausland“ lebe, wird sowohl von meinen Bekannten als auch von der ägyptischen Verwandtschaft toleriert und ich werde überall freundlich empfangen.

Lange Zeit hat mein Vater entweder nicht realisiert oder ignoriert, dass ich anders bin und denke, als er es gerne gehabt hätte. Heute versteht er dies schon, jedoch fällt es ihm auf der einen Seite schwer, dies zu akzeptieren, auf der anderen Seite merkt er, dass ich mit meinem jetzigen Leben glücklich bin, was er sich letztendlich natürlich auch für mich wünscht. Hinzu kommt, dass seit der ägyptischen Revolution die wirtschaftliche Lage im Land immer schwieriger geworden ist, sodass eine Zukunft in Ägypten auch für viele Ägypter immer weniger erstrebenswert erscheint.

Diese junge Frau hat auf ihre eigene Art und Weise ihre Mitte gefunden. Zwischen Deutschland und Ägypten hat sie sich für das Land entschieden, welches ihr mehr Freiheiten gibt. Das ist für Frauen wahrscheinlich noch eher ein Grund als für Männer diese Entscheidung zu treffen. Ich kann das sehr gut verstehen!

Kapitel 10: Charima Ismail (eine Ägypterin in Deutschland)

Dies ist die Geschichte einer großen Familie in Deutschland, Charima hat noch vier Geschwister und hier muss man wirklich von Integration sprechen!

Mein Papa ist 1954 in Ägypten/Ismailia geboren und meine Mama 1960 in Celle. Aufgewachsen ist sie in Berlin.

Meine Eltern lernten sich durch die Schwester meiner Mutter kennen. Diese war schon mit einem Ägypter verheiratet und machte deshalb auch regelmäßig Urlaub in Ägypten. Einmal nahm sie meine Mama mit, um gemeinsam Ferien zu machen. Auch der Mann der Schwester meiner Mutter kommt aus Ismailia. Bei einem Familientreffen, um besonders die Besucher aus Deutschland zu begrüßen, sah mein Papa (er ist ein entfernter Verwandter vom Mann meiner Tante) das erste Mal meine Mutter und er war sofort hin und weg!

Allerdings hatte meine Mutter zunächst gar kein Interesse an ihm. Als meine Mama dann wieder zurück in Deutschland war, hat mein Vater über den Mann ihrer Schwester immer wieder versucht, Kontakt zu ihr aufzunehmen, aber es bestand immer noch kein großes Interesse von Seiten meiner Mutter. Trotz allem hat mein Vater nicht locker gelassen und ist mit einer Einladung seines Verwandten nach Deutschland zu Besuch gekommen. Während seines Aufenthalts hat er bei der Schwester meiner Mutter und ihrem Mann gewohnt.

Natürlich war geplant, meine Eltern zu verkuppeln, was letzten Endes auch funktioniert hat. Meine Eltern haben dann 1979 in Berlin geheiratet und leben auch heute noch in Berlin. Meine Eltern waren beide berufstätig. Mein Vater hat als Glaser in einer Glaserei gearbeitet, wo er auch heute noch arbeitet. Er hatte das Glück durch seinen Cousin, der ja schon in Deutschland lebte, diesen Job zu bekommen. Meine Mutter hat in einer Wäscherei im Krankenhaus gearbeitet. Somit waren sie finanziell abgesichert.

Ich bin im April 1984 in Berlin/Neukölln geboren, dort auch aufgewachsen und lebe heute noch da. Ich könnte mir auch nicht vorstellen, woanders zu leben, außer vielleicht in Ägypten.

Ich habe noch vier Geschwister, Hassan (33 Jahre), Sherin (25 Jahre), Ossama (20 Jahre) und Hamza (14 Jahre). Mein älterer Bruder ist mit einer Deutschen verheiratet und sie haben zwei gemeinsame Kinder. Meine Schwester hat ebenfalls zwei Kinder und lebt alleine. Ossama und Hamza, meine jüngsten Geschwister, leben noch zu Hause bei meinen Eltern.

Meine Eltern leben auch heute noch glücklich zusammen. Wie in jeder Beziehung gab es mal Streitigkeiten oder Meinungsverschiedenheiten, aber die waren immer schnell aus dem Weg geräumt. Mein Papa war immer etwas strenger als meine Mutter, was oftmals zu Auseinandersetzungen führte. Im Großen und Ganzen kann ich mich nicht daran erinnern, dass es mal wirklich schlimme Krisen in ihrer Ehe gab. Sie fanden immer eine Lösung.

Ich selbst habe mich immer mehr an meinem Vater orientiert.. Ich war ein typisches „Papa-Kind“. Ich habe es immer sehr genossen,, wenn ich allein mit ihm Zeit verbringen konnte und genieße dies auch heute noch. Wahrscheinlich war ich schon immer mehr ägyptisch als deutsch. Nicht nur in meinem Aussehen, sondern auch in meinem Denken und Handeln. In Ägypten fühlte ich mich schon immer wohl und heimisch, doch auch Berlin ist mein zu Hause.

Religion hat in den ersten sieben Jahren meines Lebens absolut keine Rolle gespielt. Mein Vater war zu dieser Zeit kein praktizierender Moslem wie auch meine Mutter keine praktizierende Christin war. Doch das Ganze änderte sich, als meine Mutter 1990 eine deutsche Muslima kennen lernte, deren Tochter mit meinem älteren Bruder in eine Klasse ging. Meine Mutter und diese Frau verstanden sich sehr gut und der Kontakt zwischen den beiden wurde immer intensiver. Durch sie lernte meine Mutter den Islam kennen und entwickelte sehr großes Interesse für diesen Glauben. Eines Tages entschied sich meine Mutter zu konvertieren und sich auch zu bedecken, das heißt ein Kopftuch zu tragen. Auf diesem Weg führte sie dann auch meinen Vater zurück zu seinem ursprünglichen Glauben.

Von da an feierten wir weder Weihnachten noch Ostern. Es wurde kein Alkohol mehr getrunken und kein Schweinefleisch gegessen. Obwohl es eine große Veränderung in unserem Leben war, funktionierte es erstaunlich gut. Ich habe auch nicht das Gefühl, dass ich darunter gelitten habe, es war nun einfach so. Meine Eltern überließen mir und meinen Geschwistern, ob wir den Glauben behalten wollten, wenn wir erwachsen sind, oder nicht. Ich persönlich entschied mich für den Islam und bin praktizierende Muslima. Auch das Kopftuch trage ich freiwillig, meine Eltern haben mich nie deswegen unter

Druck gesetzt, worüber ich sehr froh bin.

Leider bin ich nur mit der deutschen Sprache aufgewachsen. Meine Mutter hat nie Ägyptisch-Arabisch gelernt und deshalb wurde zu Hause immer nur Deutsch gesprochen. Ich wollte als Kind immer so gerne Arabisch sprechen können, aber ein paar Wochen Urlaub in Ägypten haben dafür leider nicht gereicht. Ich war hier in Deutschland auch in der arabischen Schule und habe dort die Grundlagen der arabischen Schrift gelernt (lesen, schreiben und sprechen) und wurde in den Koran eingeführt. Da dies nicht ausreichend war, entschied ich mich, nachdem ich die Oberschule abgeschlossen hatte, für einige Monate nach Ägypten zu reisen, um die Sprache vor Ort zu lernen. Während dieser Zeit wohnte ich bei der Schwester meines Vaters. Damals lernte ich sehr viel Ägyptisch-Arabisch und auch noch vieles Andere über die Gegebenheiten des Landes. Dies war eine absolute Bereicherung für mich. Zudem spreche ich auch noch Englisch und denke, dass mein Englisch besser ist als mein Ägyptisch. Aber mein Ägyptisch reicht aus, um mich gut mit meiner Familie zu unterhalten und alleine in Ägypten klar zu kommen.

Mein beruflicher Werdegang war nicht so einfach, da ich, bedingt durch meine Krebserkrankung im Alter von 22 Jahren, viele Jahre verloren hatte. Nach meiner Genesung und einer langen Kur machte ich für drei Jahre (2008 bis 2011) eine Ausbildung als Modenäherin . Es machte mir Spaß, doch stellte ich leider fest, dass es in dieser Berufssparte nur eine spärliche Auswahl an Arbeitsstellen und Zukunftschancen gibt. Deshalb entschied ich mich dann 2011, eine neue Ausbildung als Sozialassistentin zu machen, denn der Bereich, in welchem man mit Menschen arbeitet, liegt mir sehr. Diese Ausbildung habe ich erfolgreich abgeschlossen und im Anschluss daran habe ich mein Studium als Erzieherin angefangen und befinde mich nun im vorletzten Semester. Parallel dazu arbeite ich in einer Kita. Das ist das, was ich schon seit meinem 12. Lebensjahr machen wollte, nämlich mit Kindern arbeiten.

Ich kann mich eigentlich an nichts Negatives aus meiner frühen Kindheit erinnern, auch nicht von Seiten meiner deutschen Familie. Außer, dass meine Oma immer zu meiner Mutter gesagt hat, dass sie mich mal richtig waschen soll, ich wäre ja noch ganz schwarz vor Dreck. Ich habe karamellfarbene Haut, nicht wirklich dunkel, aber für meine Oma war es eben "dreckig". Früher als kleines Kind habe ich darüber gelacht, weil ich nichts Böses daran fand, aber heute würde ich das als Diskriminierung empfinden!

Mit meiner deutschen Familie wurde es schlimmer, als meine Mutter 1990 zum Islam konvertierte und somit auch meinen Vater zurück in seine eigentliche Religion holte. Dies gefiel ihnen überhaupt nicht, der Kontakt wurde immer weniger. Meine Mutter musste sich aufgrund des Tragens des Kopftuchs "Beschimpfungen" anhören. Überhaupt wurde alles, was mit dem Islam zu tun hatte, stark kritisiert und uns immer wieder vorgehalten. Als ich mich entschied, auch ein Kopftuch zu tragen, waren meine Großeltern geschockt und überzeugt, dass mein Vater dahinter steckte und mich dazu gezwungen habe. Sie hatten einfach dieses typische Klischee von Moslems im Kopf. Meine Oma sagte immer zu mir, ich solle dieses "olle Ding" vom Kopf nehmen, ich hätte doch so schöne Haare und ich solle sie doch bitte nicht verstecken. Dies äußert sie heute auch noch ab und an, ich sei so hübsch und solle mich doch nicht verstecken. Mittlerweile hat meine Mutter aber glücklicherweise wieder vermehrten Kontakt zu ihrer Familie.

Jetzt, da ich erwachsen bin, muss ich auch oft rassistische Äußerungen über mich ergehen lassen. Manchmal sagen die Leute, die an mir vorbeilaufen oder an der Kasse hinter mir stehen, dass ich das "olle" Tuch abnehmen soll, wir sind schließlich hier in Deutschland. Früher hat mich das sehr geärgert und sozusagen "auf die Palme" gebracht, doch inzwischen habe ich gelernt damit umzugehen. Das Beste was ich in solchen Momenten machen kann, ist diese Leute anzulächeln und ihnen mit "Berliner Schnauze" meine Meinung zu sagen. Natürlich auf die freundliche Art und Weise. Die Reaktion der Leute ist einfach „genial“, weil die meisten nicht erwarten, dass ich perfekt Deutsch spreche. Dies ist immer ein humorvoller Moment für mich, welchen ich dann auch entsprechend auskoste. Ich denke, ich werde immer mit Diskriminierung zu tun haben, vor allem in der heutigen Zeit und Weltsituation.

Ich muss sagen, dass ich immer sehr stolz auf meine Herkunft war und bin. Ich empfand es zwar als Nachteil, gewisse Dinge aufgrund unseres Glaubens nicht tun zu dürfen, aber meine Eltern haben uns nie zu etwas gezwungen. Klar gab es mal Situationen, in denen ich mich etwas geärgert habe, dass wir nicht wie andere sind, wie zum Beispiel, dass ich nicht auf Klassenfahrten oder Partys gehen durfte. Doch möchte ich ganz klar betonen, dass es mir nicht geschadet hat und ich es meinen Eltern, auch im Nachhinein, nicht übel nehme. Ich weiß, dass meine Eltern, allen voran mein Papa, mich nur schützen wollten.

Schließlich bin ich heute davon überzeugt, dass es mich vor so manchen Dingen und Fehlern bewahrt hat, dass ich so erzogen worden bin.

Ich liebe die Kulturen beider Länder, aber ich denke, die ägyptische noch ein bisschen mehr. Das war schon immer so, von klein auf. Das Lustige daran ist, dass ich in Ägypten die Deutsche bin und in Deutschland die Ausländerin. Aber das weiß man ja. Ich habe mir nie gewünscht, andere Wurzeln zu haben, denn ich bin sehr glücklich mit dem, was ich bin und woher ich stamme.

Aufgrund meiner deutschen Erziehung liebe ich logischerweise die deutsche Pünktlichkeit (hahaha;). Und es ist wirklich so, dass das Schlimmste für mich Unpünktlichkeit ist. Wenn ich so darüber nachdenke, sind es so typische Dinge an der deutschen Kultur, die ich mag, zum Beispiel Ordnung, Sauberkeit, die sauberen und schönen Parks und vor allem in meinem Bezirk das Multikulti-Leben. Deutschland, vor allem Berlin, ist so bunt, das gefällt mir sehr.

An Ägypten liebe ich ganz klar die Herzenswärme der Menschen. Das vermisse ich ein wenig in Deutschland. In Ägypten sind die Menschen so herzlich und aufgeschlossen jedermann gegenüber. Ich liebe natürlich das fantastische Wetter, die wunderschönen Strände, die Abende draußen in Cafés in der Nähe der Strände oder einfach auf dem heimischen Balkon mit der halben Familie. Dies liebe ich so sehr und dies ist auch das, was mir so sehr fehlt. Auch gehe ich in Ägypten nachts gerne aus und fühle mich absolut sicher. Meistens ist es so, dass ich es kaum erwarten kann, bis ich wieder in Ägypten bin. Nach einiger Zeit jedoch, freue ich mich dann auch wieder auf mein zu

Hause in Deutschland. Mein Herz schlägt ganz klar für beide Länder, für Ägypten ein wenig mehr.

Typische Vorurteile, welche die Menschen hier in Deutschland gegenüber Muslimen haben, sind: Die Frau bekommt nur Kinder, darf nicht arbeiten, hat täglich mehrere Gerichte zu kochen, muss den Ehemann bedienen und gehorchen und und und. Solche Äußerungen bringen mich jedes Mal zum Explodieren. Diese Dinge haben nichts mit dem Islam zu tun, werden aber immer wieder damit in Verbindung gebracht, doch finde ich, das ist alles kulturbedingt und von den Traditionen abhängig und auf keinen Fall zu verallgemeinern.

Bei meinen Eltern spielte es sich nie so ab! Meine Mama konnte arbeiten gehen, sich ungeniert mit Freunden treffen, auch einmal nicht kochen, dann hat es eben mein Papa gemacht. Mit diesen Vorurteilen wurde und werde ich oft konfrontiert und ich finde dies einfach unerträglich! Nur weil ich ein Kopftuch trage, heißt es nicht, dass ich unterdrückt werde. Ich bin eine absolut selbstbewusste und selbstständige Frau und Mutter.

Als ich mein Studium als Erzieherin angefangen habe, gab es eine Vorstellungsrunde, in der wir uns als Person vorstellen und erklären sollten, warum wir dieses Studium gewählt haben. Ich habe ganz klar gesagt, dass ich es mache, weil es erstens mein Traumberuf ist, und zweitens ich somit auch zeigen möchte, dass auch die "ach so unterdrückten muslimischen Frauen" sich weiterbilden können und dürfen. Ich möchte zeigen, dass ich nicht anders bin als andere, möchte mit Menschen arbeiten und zeigen, dass ich eine Bereicherung bin für die Gesellschaft. Für meine Aussage habe ich Beifall bekommen. Das machte mich stolz, denn sie haben mich verstanden und ich werde auch weiter dafür kämpfen und mir den Mund fusselig reden, um diesen dummen Vorurteilen Einhalt zu bieten.

Als ich jünger war, war es für mich schwer, gegen Vorurteile anzugehen. Oft verletzte es mich einfach nur und ich wurde sauer. Aber mit der Zeit lernt man mit solchen Situationen umzugehen und findet einen Weg, es nicht zu sehr an sich heranzulassen. Mit dem Alter wird man reifer und springt nicht mehr so schnell darauf an. Ich habe gelernt, dass die Leute dies wirklich schätzen, nämlich ihnen die Dinge zu erklären, in der Hoffnung, ihnen die Vorurteile zu nehmen. Meine Devise ist, offen und authentisch darüber zu reden. Wenn aber das Gegenüber es nicht akzeptiert, dann respektiere ich auch das. Doch in solchen Momenten sollte man mich dann auch ab einem gewissen Zeitpunkt in Ruhe lassen, sonst werde ich wirklich böse.

Meinen ersten Mann musste ich erst gar nicht irgendwo kennen lernen, denn er ist mein Cousin, was ja in Ägypten nicht unüblich ist. Ich hätte niemals gedacht, einmal meinen Cousin zu heiraten, aber bei ihm war es irgendwie etwas anderes. Da ich ja in Deutschland lebe und er in Ägypten gelebt hat, hatte ich überhaupt kein Verwandtschaftsgefühl ihm gegenüber. Er war für mich nie wie ein Familienmitglied, dazu sah ich ihn einfach zu wenig. Somit passierte, was passieren sollte, wir verliebten uns in einander. Es war keine arrangierte Ehe, ganz im Gegenteil, denn meine Eltern waren nicht so begeistert von diesem Unterfangen. Aber schließlich stimmten sie unserer Hochzeit zu und wir heirateten 2002.

Schon in meiner Jugend wollte ich immer nur einen ägyptischen Mann heiraten! Allerdings war unsere Ehe nicht so, wie ich es mir erhofft und gewünscht hatte, und wir trennten uns 2008. Diese Ehe ist leider gescheitert, wofür es viele Gründe gab. Meine Krebserkrankung brachte alles ins Rollen, das war eine große Belastung für unsere Ehe. Wir hatten zwar schon einen Sohn, aber danach kam hinzu, dass ich keine Kinder mehr bekommen konnte und er sich noch mehr Kinder gewünscht hatte. Das Thema "zweite Frau" kam auf, was für mich absolut nicht in Frage kam. Viele Streitereien führten dazu, dass ich einfach nicht mehr wollte. Ich wusste, dass er mich ständig anlog und auch anfing, Alkohol zu trinken. Dies war für mich Grund genug, einen Schlussstrich unter das Ganze zu ziehen. Zwei Jahre hat es letztlich gedauert, bis er endlich ausgezogen war und der Scheidung zugestimmt hat. Aber am Ende sind wir in Frieden auseinandergegangen und waren uns in allen scheidungstechnischen Dingen (wie z.B. das Sorgerecht für unseren Sohn etc.) einig. Mein Sohn hat regelmäßigen Kontakt zu seinem Vater. Früher übernachtete er auch bei ihm, aber seitdem dieser neu geheiratet hat und mit seiner neuen Frau drei Kinder hat, schläft er nicht mehr dort. Dies ist für meinen Sohn zu viel und auch zu laut. Ich dränge ihn nicht, er soll selbst entscheiden, wann und wo er seinen Vater sehen möchte oder eben auch nicht. Mein Sohn Karim ist dieses Jahr im Februar 12 Jahre alt geworden. Er ist mein einziges Kind.

Ich lebte dann über drei Jahre allein mit meinem Sohn, bis ich meinen jetzigen Mann kennen lernte. Nach meiner Scheidung war es mir egal, woher mein neuer Mann stammte, denn ich hatte nun meine Prioritäten anders gesetzt. Ich hatte sehr viel aus meiner ersten Ehe gelernt und wusste genau, was ich wollte und was nicht. Mein jetziger Mann stammt aus Jordanien und ist eine echte Bereicherung für mich und auch für meine Familie. Er brachte so viel Neues mit, angefangen beim Essen über die Sprache bis hin zur Musik. Ich bin sehr zufrieden mit meiner Wahl und dass ich mich auch auf etwas Neues eingelassen habe.

Ich lernte meinen zweiten Mann auf einer islamischen Chat-Plattform kennen. Das war im Januar 2011 und drei Monate später am meinem Geburtstag, am 23. April 2011, haben wir islamisch geheiratet. Wir waren einfach geschaffen für einander und mein Sohn mochte ihn von der ersten Begegnung an. Nun haben wir dieses Jahr schon unseren 5. Hochzeitstag.

Ich arbeite neben meinem Studium in einer Kita. Mein Mann hat sich gerade bei einem Kurierdienst selbstständig gemacht. Er hat, seitdem ich ihn kenne, immer gearbeitet.

Wie bereits erwähnt ist mein Mann Jordanier; ich dachte, ich würde niemals einen Mann heiraten, der nicht aus Ägypten stammt, aber ich tat es. Arabisch ist natürlich nicht gleich Arabisch. Ich merkte schnell, dass die Jordanier zu vielen Gerichten Joghurt essen und auch das Frühstück ein bisschen üppiger gegessen wird, als ich es aus Ägypten kannte. Aber das stellte für mich als leidenschaftliche Köchin kein Problem dar. Die größte Hürde aber war die Sprache, denn sein Arabisch ist anders als das Ägyptisch-Arabisch. Wir sprachen von Anfang an Englisch miteinander, da mein Mann noch kein Deutsch konnte. Mit der Zeit lernte ich viel Neues aus der arabischen Sprache, aber trotzdem bevorzugte ich es, weiterhin Englisch mit ihm zu sprechen. Mittlerweile spricht mein Mann sehr gut Deutsch, doch wir sprechen heute noch viel Englisch miteinander. Also ich spreche so gut Arabisch, dass ich mit

Familie und Freunden eine einfache Unterhaltung führen kann. Auch mit der Familie meines Mannes kann ich mich einigermaßen verständigen, denn den jordanischen Akzent hab ich nun auch schon ein wenig gelernt.Aber mein Arabisch ist immer noch ausbaufähig.

Eine gemischte Ehe ist eigentlich nur dann ein Problem, wenn die Eltern sich nicht einig sind und jeder versucht, dem Kind seine Mentalität, Sprache oder Religion näher zu bringen. Das kann dann zu einem absoluten Problem werden. Für mich persönlich finde ich es eine absolute Bereicherung. Ich habe soviel in meinem Leben aus zwei völlig verschiedenen Welten kennen gelernt, ich fühlte und fühle mich immer in beiden Kulturen wohl und möchte keine der beiden missen.

Grundsätzlich gibt es wohl für alle diese Kinder aus den „gemischten“ Ehen keine Ratschläge. Jeder muss selbst seinen Weg finden, wie er/sie damit umgeht und umgehen möchte! Man muss lernen, Diskriminierung und Beschimpfungen nicht an sich heran zu lassen, sonst leidet man sehr darunter. Mit der Zeit lernt man mit solchen Situationen umzugehen. Auch ich lerne immer noch dazu, was mir dabei hilft, gut durchs Leben zu kommen mit allen Höhen und Tiefen.

Das ist mein Schicksal und es war so von Gott gewollt und geschrieben. Ich bin sehr zufrieden damit. Ich hatte eine schöne, glückliche und abwechslungsreiche Kindheit, ich würde mir es nicht anders wünschen, wenn ich nochmals von Null an beginnen müsste. Ich konnte aufgrund meiner Herkunft so vieles kennen und lieben lernen. Ägyptisch/Deutsch, diese Kombination ist wie für mich gemacht und ich könnte mir nichts Anderes vorstellen.

Es war immer mein Wunsch und Traum, eines Tages in Ägypten zu leben, doch leider konnte ich das bis heute nicht verwirklichen. Aber ich gebe diesen Traum nicht auf, denn wer weiß, was die Zukunft noch bringt?

Ja, wer weiß? Charima hat ihr junges Leben gut gemeistert trotz ll ihrer Schwierigkeiten. Sie sieht die Vorteile und Nachteile in beiden Ländern ganz realistisch. Sicher würde sie auch in Ägypten gut zurechtkommen. Sie hat bestimmt noch ein interessantes Leben vor sich! Dafür wünsche ich ihr das Allerbeste.

Kapitel 11: Ich bin ein bunter Vogel und kein grauer Rabe!

Diese Geschichte stammt von einem Sohn aus einer "gemischten Ehe", dem zweiten in dieser Sammlung. Er ist ein reifer Mann, kein Jugendlicher wie Karim. Man könnte sagen, er hat auch das erlebt, was viele dieser Kinder erleben müssen, nämlich eine Art "Zerrissenheit zwischen den Welten". Ein Hin und Her, ein "Nichtverstandenwerden" von der Umwelt. Aber er hat sich seine eigenen, sehr tief empfundenen Gedanken gemacht und gelernt, mit seinen Mitmenschen umzugehen. Hier ist seine Geschichte:

Mein Vater ist Ägypter, war als Arzt und Professor tätig, stammte aus einer angesehenen, aristokratischen Familie, ebenso mein Großvater. Meine Großmutter war die Tochter eines osmanischen Beamten, der sich in Ägypten durch dessen Besetzung im Osmanischen Reich, niederließ und sich dann hunderprozentig integrieren konnte

Meine Mutter, von Beruf Dolmetscherin, ist Deutsche. Sie stammte aus einer deutschen Unternehmerfamilie, meine Großmutter war Hausfrau und ungarischer Abstammung.

Mein Vater hatte sein Medizinstudium in Kairo beendet, eine erste Ehe in Ägypten schon hinter sich, als er nach England zog, um sich für ein Membership in der Royal College of Physicians, London einzuschreiben. Dort lernte er meine Mutter kennen.

Mit zwölf Jahren hatte meine Mutter ihren Vater durch

einen Herzinfarkt (burn-out-bedingter Natur) der Nachkriegsgeneration verloren. Sie lebte nun zusammen mit einer Schwester mit ihrer strenggläubigen Mutter in einer deutschen Kleinstadt, wo sie einer spezifischen Kirchenkleingemeinde angehörte, welche in Mutters Erziehung eine große Rolle spielte und sie durch diese Glaubensrichtung viel Leid ertragen musste. Mit neunzehn Jahren schloss sie erfolgreich ihre Ausbildung als Dolmetscherin ab und wollte von dem inzwischen etwas zu kleinbürgerlich gewordenen Zuhause Distanz gewinnen, was zu dieser Zeit, in den sechziger Jahren, sehr mutig war. Sie reiste zunächst nach Spanien und wenige Monate später nach London, wo sie meinen Vater durch gemeinsame Freunde im Norden von London kennen lernte.

Ungefähr ein Jahr später heirateten sie und reisten über Deutschland nach Ägypten. In Deutschland holte mein Vater noch den bestellten Diesel-Mercedes meines ägyptischen Großvaters ab und lernte gleichzeitig die Familie meiner Mutter, die ihn reichlich mit Korn (hochprozentiger Schnaps) und ähnlichem abfüllten, um seine Standfestigkeit zu prüfen, kennen. Nachdem Onkel Ernst ihn dann zu einem richtigen Mann erklärt hatte (Spaß beiseite), fuhren sie nach einem dreiwöchigen Aufenthalt von Deutschland nach Venedig und kamen nach einer Mittelmeer-Schiffsüberquerung in Ägypten in der Hafenstadt Alexandria gut an. Bei ihrer Ankunft wurden die beiden Neuvermählten von der Großfamilie herzlich empfangen.

Sie lebten dann in Kairo. Meine Mutter war damals zweiundzwanzig und hat bis zum Alter von dreiundsiebzig Jahren in Kairo gelebt. Im ersten Jahr, seit der Ankunft in

Ägypten, kam ich auf die Welt.

Mein Vater ist vor einem Jahrzehnt verstorben. Leider war die Ehe, wie so viele Ehen zu dieser Zeit, nicht so glücklich verlaufen. Frauen waren damals viel weniger selbstbewusst und abhängiger als heute. Die Gesetze waren, wie auch in Europa, ganz anders, und man suchte bei Scheidungen noch nach Schuld. Die Ehe meiner Eltern hat jedoch über 40 Jahre gehalten und ist dann aufgrund von schwierigen Charakterzügen väterlicherseits in den letzten Ehejahren fast auseinander gegangen. Meine Mutter hingegen, so wie viele deutsche Frauen aus dieser Generation, welche im Krieg geboren waren und als Schaffer-Generation den Wiederaufbau Deutschlands miterlebten, blieb meinem Vater und der Familienidee treu. Was mich noch mehr fasziniert hat, war ihre absolute Treue ihm gegenüber, auch über seinen Tod hinaus.

Natürlich war es auch in ihrer Ehe nicht immer einfach. Nach ungefähr 36 Ehejahren wollte meine Mutter eine "Auszeit" vom meinem Vater. Ursprünglich wollte sie zurück nach Deutschland, entschied jedoch, in Ägypten zu bleiben. Nach verschiedenen Abklärungen bezüglich des Gesundheitszustandes meines Vaters entschied sie sich für das ehrenhafte Bleiben. Sie sagte sich, dass sie einen kranken Mann, welchen sie einst sehr liebte, aufgrund einer Krankheit nicht einfach verlassen könne.

Meine ägyptische Verwandtschaft und die Bekannten meines Vaters, sagten ihm immer wieder: „Es ist dir doch hoffentlich klar, dass eine Ägypterin nie so viel Geduld mit dir gehabt hätte, wie es deine deutsche Frau hat.“ Solche Aussagen machten meinen Vater natürlich sehr stolz auf seine sozusagen „importierte“ Ehefrau. Ich lache heute noch über diesen Ausdruck.

Ich lebte bis zum meinem Uni-Abschluss in Kairo, und da mein Vater Arzt in der 2. Generation war, sollte ich vermutlich auch Arzt werden und so wäre mein Schicksalsweg fast besiegelt gewesen. Doch entsprach das gar nicht meinem neugierigen Wesen, meinem Wissensdurst und meinem Freiheitssinn, deshalb entschloss ich mich, Bauingenieur zu werden, eine für mich vielfältige Karriere, die es mir erlauben würde, sowohl in einer Baustelle, als auch in einem Büro zu arbeiten. Den Lebenssinn fand ich auch hier im Dienen der Allgemeinheit, der Gesellschaft.

Durch den frühen Tod meiner Schwester mit 14 Jahren (damals war ich gerade mal 16), und durch die leidvolle und schlimme Trauer meiner Eltern, spürte ich, dass ein Weggang nach Europa nach Vollendung der Schule für meine Eltern schwierig gewesen wäre. Ich entschied mich daher, an einer guten Universität in Kairo mein Ingenieurstudium zu absolvieren. Erst nach dem Bachelor wollte ich dann nach Europa, um dort meine Weiterbildung in Angriff zu nehmen.

Mit 23 Jahren und nach Praktika in Deutschland, England und Frankreich bekam ich vor Vollendung meines Ingenieurstudiums bei einem renommierten Bauingenieurbüro in London einen festen Arbeitsplatz. Heute ist die Firma sogar das größte Ingenieurbüro in England. Dort spezialisierte ich mich in einer neugegründeten Abteilung auf Tunnelbau, verreiste weltweit unter anderem nach Asien und in die USA, nahm die Leitung einiger Ausschreibungen an und gewann einige für meine Firma. So wurde ich sehr schnell, und dies im

Alter von ca. 30 Jahren, zum Teamleiter in einem Statikbüro.

Mit 32 Jahren, nach einer langen Zeit des on-the-job Trainings, Büro- und Baustellen-Jobs, machte ich zum zweiten Mal ein Staatsexamen, diesmal in England (vorher in Ägypten). Ich bekam dadurch meine begehrte Lizenz und wurde Mitglied eines Eliteclubs für englische Ingenieure. Durch dieses Staatsexamen wurde ich automatisch Mitglied der Dachorganisation "Engineering Council", einer staatlich anerkannten Vereinigung von Ingenieuren, ähnlich des Verein Deutscher Ingenieure in Deutschland.

Als ich dann mit 33 meinen ersten Aufenthalt von sechs Wochen in China hatte, um die "neue Welt" in Asien zu erkunden, lernte ich dort meine zukünftige Frau kennen. Es war für mich Liebe auf den ersten Blick. Schmetterlinge im Bauch, tanzend in der Atmosphäre eines 5-Sterne-Hotels, einfach alles sehr vertraut. Es fühlte sich nach Leben, nach Bekanntheit, nach Wahrheit und Wirklichkeit an und dennoch gleichzeitig irgendwie zu krass, um wirklich wahr zu sein. Was ist denn jetzt los? Was geht nun ab und was ist wahr?

Nach einigen freundschaftlichen Tagen, die wir zusammen in Restaurants und Diskotheken eines Bejinger Elite-Stadtteils verbrachten, verließen wir uns mit einem minimalen Abschied und gingen unserer Wege. Keiner von uns verriet seine Gefühle, keiner wollte wirklich einen Schritt nach vorne machen.

Heute weiß ich, dass wir beide zu dieser Zeit uns noch nicht im Klaren mit unseren Gefühlen waren, da jeder von uns am Ende einer kriselnden Beziehung stand und nicht genau wusste wie weiter? Aus Respekt für meine Beziehung mit einer Dänisch-Irakischen Frau in London, oder auch aus der Mischung meiner Gutmütigkeit und Naivität, hatte ich sogar nicht einmal nach ihrer Telefonnummer gefragt. Wir flogen beide zurück nach Europa und verloren uns komplett aus den Augen.

Am Ende jedoch gab ich dieser neuen Bekanntschaft, die in der Reiseindustrie tätig war, doch noch meine Telefonnummer. Es dauerte zwei Monate und keiner von uns hat den anderen kontaktiert. Diese Frau, welcher ich meine Nummer übergeben hatte, hatte jene anscheinend verloren oder ignoriert. Ich hörte Monate lang nichts. Das Leben nahm seinen Lauf.

Nach einer Anzahl von unglaublichen Zufällen, welche mir bis heute unerklärlich sind, haben wir uns dann in London wieder getroffen. Anschließend wollte es das Schicksal, dass ich in Hongkong einen Auftrag bekam und London verlassen musste. In einem der runden Hochhäuser an der Queen Street in Hongkong besuchte mich dann meine neue Bekanntschaft in meinem Büro mit typisch deutscher Lederjacke. Während dieser Zeit hat es dann zwischen uns beiden so richtig gefunkt.

Mein Leben in Hongkong war damals sehr schwierig für mich, denn obwohl mein englischer Arbeitgeber bis dato viel Erfolg in Hongkong verzeichnen durfte, war 1998 (ein Jahr vor der Rückgabe der Halbinsel nach China) kein Auftrag für die Engländer zu holen. Ich stand Kopf, war verzweifelt. Meine Beziehung in London hatte ich längst beendet. Meine Karriere war nicht in dem Bereich, zu dem ich gerne zurückkehren wollte. Ich wollte kaufmännisch tätig werden und nicht mehr als Ingenieur tätig sein. Alles war im Umbruch.

Einige Wochen später ging ich zurück nach London, kündigte meinen Job und zog nach Deutschland zu meiner neuen Liebe, um dort ein ganz neues Leben zu beginnen.

Nach den zwei China-Aufenthalten, war mir noch immer nicht wirklich bewusst, welchem Land ich mich näher fühlte. Diese Frage ist für jeden, der aus einer Mischehe stammt, wohl sehr schwierig. Ständig gibt es Konflikte von ungeschriebenen Gesetzen aus beiden Kulturen. Dies kann sich sogar verhärten, wenn die Eltern in einem gewissen Erziehungsthema konkurrieren und man als Jugendlicher unterschiedliche Wahrnehmungen / Wahrheiten ernsthaft betrachtet, analysiert und letztendlich neutral und bei sich bleiben will. Man benötigt seine ganze Kraft, sammelt sie sich dann, um zu entscheiden, wie die damalige Gedankenrichtung sein darf. Aus heutiger Perspektive wäre es eher die Seelensrichtung. Aus meinen Erfahrungen gibt es drei Gruppen Menschen aus Mischehen, ohne die Gruppen zu bewerten, die sich herauskristallisieren. Einige entscheiden sich dazu, komplett nach den Werten des Vaterlandes zu leben, andere wiederum übernehmen die des Mutterlandes, und die dritte Gruppe möchte sich nicht entscheiden, liebt kein Land mehr als das andere. Wir alle haben jedoch eines gemeinsam: Wir alle sind mindestens mit zwei Heimatländern gesegnet. Ich gehöre eindeutig zur dritten Gruppe.

Beide Länder sind sehr wichtig für mich und ich habe deshalb beschlossen, beide weiterhin zu lieben und mich nicht- aufgrund einer Bewertung-- für das eine oder das andere Land zu entscheiden. Anders wäre dies für mich nicht stimmig. Beide Länder haben ihre Werte, beide ihre Existenzberechtigung. Eine Entscheidung für das eine Land, wäre für mich, wie wenn man sich zwischen Mutter und Vater entscheiden müsste, irgendwie unzulässig, weil man gleichzeitig sich für oder gegen den einen oder anderen Elternteil entscheiden müsste. Ein Gewissenskonflikt der Loyalität.

Kulturen sind sehr unterschiedlich. Als Kind einer Mischehe kann man beide Seiten fühlen, leben und lieben. Beide Länder und deren Völker und Kulturen sind in der Seele eingebrannt. Ich sag es an dieser Stelle noch einmal: EINGEBRANNT Punkt. Niemand kann mich in diesem Punkt umstimmen. Denn was wäre mein Leben ohne deutsche Musik, Mettwurst mit Zwiebel oder ohne Spekulatius, ohne Weihnachten, ohne Ostern, Nordsee, Ostsee, Berlin, Schwerin, Düsseldorf oder ohne diese äußerst übertriebene Paragraphenbürokratie und ohne geradliniges klares deutsches Verhalten?

Und was wäre mein Leben ohne Ramadan, Eid (muslimische Festtage) und dem légèren Umgang mit Problemen, ohne Maalesch (was soviel wie "das macht nichts" bedeutet), ohne täglicher Verzeihung der überall anzutreffenden Unperfektion? Was wäre mein Leben ohne die Herzensfreude und die überaus große Emotionalität der Ägypter? Ich bin Araber, ich bin Nordafrikaner, Muslim, sogar AFRIKANER und fühle mich in ganz Afrika wohl. Bin aber auch Deutscher, heute ohne spezifische Doktrin, spirituell irgendwie mit Jesus verbunden, vielleicht sogar Christ, Europäer, Perfektionist. In den Farben meiner Federn liegt die Schönheit eines bunten Vogels. Ich fühle mich überlegener als die grauen Vögel, die herumfliegen und glauben Staatsbürger eines einzelnen Staates zu sein.

Man soll sich das doch einmal kurz vorstellen! Wir machen uns über beide Länder lustig, lieben sie und leben den Unterschied; eine fast schizophrene Angelegenheit. Es ist mühsam, mit so viel Kultur im Blut leben zu können und dennoch ist der Horizont weiter. Man weiß wie das Leben auf mehreren Ebenen funktioniert, hat Beispiele, ist flexibler, kommt mit Problemen in Berührung und kann diese auch – aus einfacher Gewohnheit – lösen. Die Grenzen des Möglichen sind nicht die ungeschriebenen Gesetze der Deutschen oder der Ägypter, sie sind viel größer. Die Grenzen sind fast unendlich, jedoch nicht ohne Preis. Dies bedeutet nämlich, Verantwortung für sich selbst und seine ganzheitliche Weltanschauung zu übernehmen.

An Ägypten liebe ich besonders die Vielfältigkeit der Menschen, das Respektieren der Anderen wie sie sind – mit einem viel weniger starken „Boxthinking“, also Kastendenken. Ich liebe das Chaos, ich spreche hier natürlich vom organisierten Chaos. Das Erlauben des Chaos, denn gerade dort gibt es Möglichkeiten, persönlich zu wachsen und vielleicht mit einem Lächeln festzustellen, dass durch das Chaos Ideen entstehen. Die Vielfältigkeit des erlaubten Chaos kombiniert mit Zufällen und dem freien Denken, erhöht einfach die Chance Ideen zu kombinieren. Es entstehen kalifornische Gründerverhältnisse „Made in Europe“!!! Es entstehen Chancen, die es in hochentwickelten Ländern Europas in dieser Form einfach nicht gibt. Fast jeder ist Spezialist. Perfektion in einem Bereich ist heute das Credo und es mangelt sehr viel an Zeit, um spielerisch Ideen kombinieren zu dürfen.

In den Entwicklungsländern gibt es diese Freiheit

mehr, nämlich dadurch, dass das ganze System flexibler ist und sich der eine oder andere noch Angestellte leisten kann, hinzu kommt noch die erlaubte und gelebte Gelassenheit.

Durch das Chaos und die Unordnung des Systems, der Menschen, der Regierung sind Probleme immer vorprogrammiert. Probleme werden ohne großen Ärger einfach gelöst, die entstehende Zeitverschiebung wird akzeptiert. Aus meiner Sicht verstehen die Menschen dort das Schicksal und die Umstände als solche, wie sie wirklich sind. Im Gegensatz zu Deutschland, wo viele Menschen immer nach der Schuld einer Person suchen, um sich im strengen Wettbewerb zu schützen.

Ich liebe das weitgehend positive Denken in den Entwicklungsländern. Der Zynismus, mit dem sich die Probleme besser lösen bzw. tolerieren lassen, ist weit verbreitet. Der Humor stärkt die Bevölkerung und gehört zum Alltag. Der menschliche Umgang in der Bevölkerung ist humaner, liebevoller und oft mitfühlender als in jedem der hochentwickelten Länder, in denen ich gelebt habe.

Menschen in Not wird, soweit dies in Ägypten möglich ist, in allen Belangen geholfen. Menschen in der Wüste werden weitgehend – heute unter Betracht der Umstände und der Sicherheit - mitgenommen, stehen gebliebene Autos werden (auch privat) abgeschleppt.

Arbeit ist auch ohne Ausbildung möglich. Man kann Unternehmer werden ohne eine Ausbildung und dies jederzeit! Das Detailwissen wird dann nachher eingeholt oder eingekauft. Ein Unternehmer – wie in den USA - wird respektiert, verstanden und hochgejubelt, auch wenn es einmal nicht so klappt. Am Ende gewinnt die Absicht, das Ziel, somit seine Arbeit den Respekt der Mitmenschen.

Andererseits bejubelt man auch die Sonne, den Sternenhimmel, den Mond und die Zuverlässigkeit auf das Wetter.

Dem steht natürlich auch viel gegenüber! In Deutschland ist vieles ganz anders. Zum Beispiel gibt es das super-organisierte Denken, manchmal auch in Richtung Schubladendenken, in vielen Belangen geht es ja auch kaum anders. Für jeden Job muss ein Kompetenzschein, sprich eine Ausbildung, zur Verfügung stehen, sonst hat man keine Chance, den Job zu ergattern. In manchen westlichen Ländern, wie England oder der Schweiz, kann man sich anstellen lassen und ein on-the-job Training durchziehen.

Die Organisation des Lebens oder wie man so schön sagt, "alles im Griff haben zu wollen" ist ein Denken, das für einen gewissen Zeitraum stimmig und erleichternd sein kann. Hier gibt es harte Arbeit, gute Parties, gute Freizeitangebote, gute medizinische Versorgungen, gute Informationsquellen, Besprechungen auf Augenhöhe z.B. mit den Banken, den Ärzten und dem medizinischen Personal. Menschen wissen und achten viel mehr die Grenzen anderer, sie sind selbstbewusster, unabhängige Individuen auf allen Ebenen. Dies kann alles sehr paradox klingen, doch verhält es sich wirklich so.

Als ich einen Ehestreit bei meiner Scheidung eingehen musste, hatte es meine Frau wesentlich einfacher. Vielleicht auch weil sie eine Frau im 21. Jahrhundert ist, vielleicht auch, weil ich mit zwei Sichtweisen aufgewachsen bin, keine fixierte Einstellung zum Leben hatte und habe und deshalb viel (die Betonung auf viel) kompromissbereiter bin als sie. Ich muss bekennen, dass es sich manchmal auszahlt, bei sich und seinem Standpunkt zu bleiben. Dieses Verhalten könnte man wohl auch als "Sturheit" bezeichnen. Der Fokus liegt nämlich in einigen Fällen der Wettbewerbsgesellschaft auf dem Standpunkt "des Gewinnens" und nicht auf Findung einer Kompromisslösung. Hier warne ich junge Menschen, rechtzeitig den gesunden Menschenverstand einzuschalten, und kein Vertrauen einem Menschen, auch wenn er noch so vernünftig erscheint, – gutgläubig zu schenken. Man glaubt den Anderen zu kennen und dies mag bis zu einem gewissen Grad auch stimmen. Man kann einen Menschen lange Jahre kennen, man kennt ihn vorwiegend aus wohlwollenden Alltagssituationen. Jedoch in einer Krise kennen die wenigsten ihr Gegenüber. Ich behaupte frech, dass niemand sein Gegenüber wirklich kennt, bis einige Krisen bewältigt wurden. Wer gegen die Wand steht (bei Ehekrisen steht jeder gegen die Wand), handeln Menschen oftmals ganz anders als gewohnt. In Krisen lernt man sein Gegenüber, sei dies ein enges Familienmitglied oder ein Freund, erst wirklich und wahrhaftig kennen. Gerne gebe ich folgenden Vorschlag weiter, sei es in einer Mischehe oder nicht: Seid euch bewusst, irgendwann verschwinden die rosaroten Wolken am Himmel, der Alltag kehrt ein, darum schlage ich vor, gleich zu Beginn einen Ehevertrag abzuschließen, damit die vereinbarten Spielregeln von Anfang klar sind.

Als Kind hat die Religion in meinem Leben eine sehr große Rolle gespielt, weil diese in Ägypten ein Bestandteil der Kultur und der Lebensstruktur ist. Jedoch, bedingt durch meine frühen Reisen ins Ausland, lernt man schnell die Dogmen einer Vielzahl von Religionen kennen und kann sich dann als junger Erwachsener entscheiden, welche Religion in seinem Leben ein Rolle spielen darf und welche Wichtigkeit jene einnehmen wird. Ich persönlich habe mich für die spirituelle Lebensphilosophie entschieden. Die Macht der verschiedenen religiösen Institutionen machen Religionen zu einem großen Problem, dem ich aus ethischen Gründen einfach aus dem Weg gehen möchte.

Bei meinen Kindern entschied ich mich für keine Indoktrinierung der Religionen. Deshalb leben sie in einem neutralen Land, ohne Religionsunterricht und sie können sich frei entscheiden, wie sie leben wollen, wenn sie erwachsen werden. Dies scheint mir eine bessere Lösung zu sein, als eine Religion umfangreich zu lehren, deren Dogmen und Rituale sie eines Tages, um ihr religiöses Freiheitsdenken zu erlangen, sie sich mit viel Aufwand entwöhnen müssen.

Die Sprachen waren in unserer Familie bunt gemischt. Mutter und Vater haben miteinander Englisch gesprochen. Meine Mutter hat mit uns Kindern Deutsch gesprochen, mein Vater, welcher eher selten zu Hause war, sprach mit uns Arabisch. Wir sind automatisch dreisprachig aufgewachsen. In der Deutschen Schule in Kairo haben wir dann noch Französisch gelernt und ich bin zusätzlich noch in einer Sommerschule in Frankreich gewesen, um die praktische Anwendung dieser Sprache zu verbessern. Ich spreche alle vier Sprachen fließend und kann etwas Italienisch, Spanisch und Griechisch, jedoch reichen diese Sprachkenntnisse gerade einmal für einen Urlaub in den jeweiligen Ländern ("small-talk") aus.

Die Herausforderung für die Kinder aus den

"gemischten" Ehen liegt in folgenden Punkten: In jungen Jahren versteht man die Unterschiede der Kulturen nicht. Man lebt sie zwar, verinnerlicht sie jedoch kaum. Sie sind nicht als Unterschiede verdaut, sie werden unbewusst gelebt und als selbstverständlich wahrgenommen. Was man als Kind so "eingeimpft" bekommt, ist selbstverständlich und man denkt, dies sei alles neutral. In der Pubertät oder kurz danach, fängt man an, sich zu überlegen, worin die Unterschiede liegen. Die Zugehörigkeit macht Probleme. Warum sollte man sich für das eine oder andere entscheiden? Warum bloß?

Man muss jedoch dann erkennen, dass man mit einer Denkweise beider Kulturen, schnell an die Grenzen beider Kulturen kommt. Konservative religiöse und gesellschaftliche Bräuche sind bei einer offenen freien Kultur verpönt, sogar manchmal verachtet. Sexuelle Freiheiten bei der freien Kultur stoßen bei der anderen Kultur meistens auf ein „no go". Die ungeschriebenen Gesetze beider Kulturen werden beherrscht und gelebt. Man weiß, wie man sich in mindestens zwei Gesellschaften verhalten und bewegen soll und kann. Dies ist eine sehr gute Bereicherung, aber es braucht auch Energie, Zeit und Toleranz, um beide in einer adäquaten Art und Weise zu meistern. Man wird viel offener für andere Kulturen, andere Länder, andere Kinder aus Mischehen und versteht sich besser mit ihnen, als mit Kindern aus nicht gemischten Ehen.

Kompromisse gehören dann zum Alltag, quasi wie ein ungeschriebenes Gesetz. Dies hat seine Vorteile, denn wenn das Gegenüber kompromissbereit ist, können viel bessere Lösungen angestrebt werden. Ist ein Gegenüber ein fixierter Sturkopf oder noch schlimmer, ein Psychopath oder gar ein Soziopath, hat man als flexibler, weltoffener Mensch, die wenigsten Chancen, irgendein konstruktives Resultat zu erzielen.

Selten spüre ich eine alltägliche Diskriminierung wegen meiner Herkunft, bei wichtigeren Entscheidungen des Lebens doch. Bei einer Diskussion darüber, wollte mich einmal mein Nachbar trösten und sagte: „Es ist nicht wegen der Hautfarbe oder Ihrer Herkunft, ich kann mir vorstellen, dass es wegen der Mentalität ist". Was für eine Aussage und wie ärgerlich! Viele Studien belegen heute eine konkrete Diskriminierung (auch wenn nur ein Name von Ali zu Udo geändert wird), zum Beispiel bei der Jobsuche. Noch krasser ist es in der Ehe, ein anderes Beispiel dafür, weil der andere Ehepartner - heimlich und ganz gut bedeckt - kategorisiert und seine Kultur für die bessere hält, habe ich diese Diffamierung schon verspürt; leider spät. Das Ganze empfand ich dann als unschöne Selbstgerechtigkeit und großen Humbug.

Die Diskriminierung ist im steten Fluss des Alltags, und wenn man hinschaut, kann dies sehr negativ ausfallen, denn man fixiert und leitet seine Energie darauf (Energie folgt den Gedanken). Um dies zu umgehen, bleibe ich meistens in meiner Mitte und versuche, diesen Teil der Diskriminierung gar nicht wahrzunehmen oder auszuschalten. Das Leben geht weiter, irgendwie gibt es schon eine natürliche Gerechtigkeit. Es gibt Lebensgesetze und Prinzipien (z.B. Resonanzgesetz, Schattenprinzipien, geistige Gesetze u.v.m) welche die meisten von uns leider nicht bewegen oder zu wenig kennen oder verstehen. Wir glauben zwar, diese zu verstehen, doch tun wir das wirklich?

Machen wir modernen Menschen uns nicht etwas vor? Sind wir nicht in einem zweiten Mittelalter der modernen Zeit? Also was soll Diskriminierung? Ignorieren wir lieber dieses Thema, arbeiten wir, holen wir uns den Selbstrespekt und den der anderen. Gehen wir mit positiven Beispielen voran und respektieren die anderen. Am Ende lernt man mit der übergebliebenen Diskriminierung dann umzugehen und sie zu bekämpfen, wo man kann. Wenn man kräftig arbeitet, Erfolg hat und mit etwas Glück, kann man seine Umgebung eines Besseren belehren.

Vorurteile beachte ich nicht sonderlich, ich versuche jedermann oder jeder Situation neutral zu begegnen. Diese Denkweise hatte ich schon immer, was sich oft als Vorteil erwiesen hat. Man ist so mit dem Leben beschäftigt, dem Weiterkommen, dem Entwickeln seines Wesens, der Bewusstseinserweiterung des Lebens, dass man keine Vorurteile benötigt oder keine Vorurteile aktiv zulassen sollte, das heißt, entweder ganz ignorieren oder einfach sich davon fern halten, sodass sich diese nicht manifestieren.

Stellen Sie sich einmal vor, ich sähe oder bemerkte alles, was sich um mich tut oder geschieht! Dann wäre diese Welt noch unglaublicher, noch schwärzer, als sie bereits ist. Also bleiben wir lieber im Licht und gut ist.

Vorurteile im Familienleben:

Ich habe nach vielen Jahren die Vorurteile meiner deutschen Ex-Frau – einer professionellen Schauspielerin - erst entdeckt, als sie durch das Älterwerden ihre Masken nicht mehr halten wollte oder konnte.

Die Masken, das Verstellen, wurde für Jahre professionell und gut kaschiert. Solange man jung ist und viel Kraft besitzt und das Leben keine großen Herausforderungen stellt, ist dies wahrscheinlich leichter gewesen.

Erst als sich die Konflikte verhärtet haben, das Leben einen wirklich forderte, konnte man diese entdecken und frühere komische Verhaltensmuster [z.B. Zermürbung] verstehen. Jedoch sind versteckt gehaltene Vorurteile für keine Beziehung vorteilhaft, denn es ist im Grunde genommen ein großer Betrug, ein Selbstbetrug, derjenigen Menschen, die diese Vorurteile pflegen!

Zusätzlich besteht der Anspruch, auf Augenhöhe zu kommunizieren, Liebe, Freundschaft und Respekt gedeihen zu lassen. Vorurteile sind hier fehl am Platz, denn Liebe kann nicht gedeihen, wo negative Urteile bestehen. Das Problem liegt auch darin, dass Vorurteile unwahr und reine Interpretationen sind und der Verurteilende somit sich selbst keine Verbesserung ermöglicht.

FAZIT: Wer Vorurteile hat oder die Tendenz hat, Vorurteile zu schmieden oder generell ein Kastendenken – zur Vereinfachung des Lebens - pflegt, sollte lieber keine Mischehe eingehen. Ansonsten nimmt er sich selbst das Potenzial des Wachstums in der Ehe.

Vorurteile im Alltag:

Kleine Vorurteile im Alltag gibt es ständig. Meistens erkennt man diese in den Fragen der Mitmenschen. „Wo wurden Sie geboren“? oder heutzutage verbreitet: „Woher stammt der Name?“ Mit einer positiven Haltung kann man mit diesen Vorurteilen, die weniger gravierend sind, einfach umgehen. Man sollte verstehen, dass diese Fragen auch manchmal nur als Zeichen der Neugier entstehen und gar keine negativen Gedanken dahinter stecken.

Vorurteile im Job: Natürlich gibt es diese Vorurteile auch im Job. In meinem Fall ereignete sich dies vor einigen Jahren. Die Selbstständigkeit in der industriellen Welt ist sehr viel schwieriger, als in einer sich entwickelnden Welt. In der ersten sind Strukturen etabliert und es gibt kaum Marktlücken, es sei denn, es handelt sich um technologische Entwicklungen und deren Umfelder. Um es zu verdeutlichen, möchte ich hier einige davon erwähnen: Die Nanotechnology, das Internet, die Data-Kommunikation, selbstfahrende Autos u.v.m. In diesen Entwicklungen handelt es sich mehr um Konzerne oder Gruppierungen von Menschen (in Start-Ups), als von Individuen.

In der sich noch entwickelnden Welt gibt es genügend Bedarf an selbstständigem, unternehmerischem Handeln. Hier sind Marktlücken weit verbreitet, wie z.B. private Bildungsmöglichkeiten, private medizinische Labore, Optiker in Kleinstädten, Entsorgungsdienstleistungen u.v.m. Hier handelt es sich mehr um Patriarchen und Familien mit Führern, welche die Weiterentwicklung – oft mit streng führenden Eigenschaften, die im Westen von intelligenten Individuen kaum tolerierbar sind – voranbringen. In Entwicklungsländern weiß jeder, dass er/sie zu einem gewissen Grad abhängig von seiner Sippschaft ist und dass das Mitmachen und Handeln in Gruppen zu großen erfolgreichen Projekten führt.

Deshalb wagte ich mich als Sohn aus einer Mischehe viel mehr, den Markt in Europa als Unternehmer anzugehen. Es ist der reinste Wahnsinn, wie wenig Verständnis Manager in Unternehmen für individuelles

Denken aufbringen bzw. aufbringen können. Die daraus entstehende Eifersucht, die wahrscheinlich durch das freiere Denken entstand, ist beachtlich groß. So nach dem Motto: „Was denkt dieser Mensch eigentlich hier in Europa bewegen zu können?!"

Ich kenne es aus Erfahrungen in Frankreich und im Ausland, dass ungeschriebene Gesetze in Frankreich, rigoroser und kleinbürgerlicher sind, als anderswo. Das Ausmaß – wie Frankreich als Nation denkt, habe ich jedoch unterschätzt. Im Juli/August 2016 und zuvor auch im Jahr 2015 hatte Frankreich massive Probleme durch Terrorismus. In meinen Augen betreiben die Franzosen eine vollkommene Fehlpolitik und bemerkten bis dahin die Folgen ihres Handelns kaum. Es ist an der Zeit, dass Frankreich sich einmal besinnt.

In Deutschland ist dies weniger ein Problem, trotz vereinzelter Terroranschläge, hie und da, schätzt Deutschland Kulturen.

Für mich existieren grundsätzlich zwei Methoden, Vorurteilen zu begegnen. Entweder man bekämpft oder ignoriert diese. Bis zu meinem 45. Lebensjahr habe ich (fast) alle mir aufgefallenen Vorurteile (ich verhalte mich jedem gegenüber neutral) vehement bekämpft. Ich habe mich auch für Dritte eingesetzt, wenn diese durch Vorurteile geschädigt worden sind. Es hat sich alles sehr gelohnt, denn ich habe entdeckt, Vorurteile sind nicht gegen meine Person gerichtet, also ich nehme sie nicht persönlich. Vorurteile haben meistens nur sozial oder emotional schwächere Personen, die sich durch ihre persönliche Ansicht der Wahrheit, durch Eifersucht, Neid oder sonstigen persönlichen Mustern entwickelt haben. Quasi eine typische aktive Einholung des Vorurteilenden seines Spiegelbildes. Sie sind möglicherweise selbst Opfer gewesen und leben die Existenz ihres Opferdaseins auf dem Rücken anderer aus, um sich von ihrem eigenen Schicksal bzw. Schmerz zu befreien, unter dem Motto: "Wenn es mir schlecht geht, warum soll es anderen besser gehen? "

Vorurteile richten sich gegen Menschen, die anders sind. Jedoch sind wir doch alle irgendwie anders und sollten trotzdem alle die gleichen Rechte leben dürfen. Je weniger gebildet und weltoffener Menschen sind, desto mehr verurteilen sie andere. Das gilt für Eigenbildung, Weltoffenheit sowie intellektuelle Bildung und letztendlich Herzensbildung.

Weiße Südafrikaner sind leider sehr extrem in ihren Urteilen, auch nach der Versöhnung mit der ANC und Nelson Mandela. Ich habe meine Lektion teuer dafür bezahlen müssen. Eigentlich war mein Gerechtigkeitssinn sehr naiv, als ich mit Südafrikanern eine Partnerschaft eingegangen bin.

Meine guten Erfahrungen basieren auf einigen hochqualifizierten, bekannten Südafrikanern mit hohen Status, welche ich in England sehr positiv erlebt habe. Heute unterscheide ich zwischen Südafrikanern, die im Ausland leben und ihrem diskriminierenden Land den Rücken gekehrt haben, von denen die dort vor sich hin leben, ohne für eine bessere und gerechtere Gesellschaft kämpfen zu wollen.

Vorurteile sind häufig gegen fiktive Kategorien von Menschen gerichtet (die Schwarzen, die Araber, die Israelis, die Amerikaner und ich muss zugeben, dass auch ich, gerade vorher die Franzosen verurteilt habe) und meistens nicht gegen Einzelpersonen.

Die zweite Art meiner Reaktion mit Vorurteilen fertig zu werden, entwickelte ich nach etwas mehr Erfahrung und Reife. Vorurteile kann ich nicht ganz alleine aus dieser Welt schaffen, deshalb gibt es im Englischen ein interessantes Sprichwort: „choose your battle“, und demzufolge kann man nicht jedem Vorurteil den Kampf ansagen. Manchmal ist es besser – wenn man sich in einer etwas "ausweglosen" Situation befindet, die Vorurteile einfach mit einem Lächeln anzugehen und so die Situation zu neutralisieren, zumindest für den Moment. Dies bedeutet nicht, dass man sich dem Schicksal ergibt, es heißt lediglich zu erkennen, dass einige Menschen selbst noch viel zu lernen haben und dass eine Änderung "in diesem Moment" vielleicht noch nicht möglich ist.

Ich kann die Vorurteile anderer selbst nicht ändern, jedoch kann ich mein eigenes Bewusstsein sehr erweitern, denn meine Grenzen setze ich. Ich entscheide, ob es sich lohnt zu kämpfen oder nicht, ich entscheide, wer mich nervt, wer mich kränkt und wann ich lächeln möchte, all dies entscheide nur ich selbst.

Meine Herkunft (Erziehung und Erwartungen meiner Eltern) hat mich bei der Wahl meiner Partnerin sicher beeinflusst. Für mich war es wichtig, in einigen Ländern zu leben, um dort Kultur und das Anderssein zu leben. Durch die Herkunft trägt man am Anfang seines Erwachsenenlebens - das ist nicht nur bei mir der Fall gewesen - die Frage mit sich herum: „Zu welcher Kultur fühle ich mich eher hingezogen?“ Diese Frage ist eine der wichtigsten und schwierigsten Fragen überhaupt, die wir

Menschen aus Mischehen uns selbst beantworten wollen und auch sollten.

Ich habe diese Frage lange nicht beantworten können, denn beide Kulturen haben nicht nur Ihre Vor- und Nachteile, sondern sind Teil unserer Erziehung. Man fühlt sich emotional verbunden, genauso, wie man sich zu seiner deutschen bzw. arabischen Familie hingezogen fühlt. Ohne diese Frage zu beantworten, bleibt die Zerrissenheit der Gefühlswelt groß und die Frage des Partners bis auf weiteres ungeklärt.

Ich habe diese innerliche Zerrissenheit nicht allein mit dem Bauchgefühl beantworten können. Ich hatte Freundinnen beider Kulturen plus andere aus Dritt- und Viertkulturen, wobei ich keine zu 75% zufrieden stellen konnte. Umgekehrt galt auch: Keine dieser Bekanntschaften hat mich zu 75% weder im Intellektuellen, noch in ihrer Lebensweise zufrieden stellen können. Dafür war die Neugier sehr groß, angenehm(???), auch gab es große kulturelle Unterschiede, die ein Paar beschäftigen.

So entschloss ich mich, mir eine Partnerin aus beiden Kulturen meiner Herkunft auszusuchen. Für Drittkulturen (etwa die Südamerikanische, Chinesische oder Englische Kultur) war die Kulturlücke zu groß, um die innere Kulturzugehörigkeitsfrage (Zerrissenheit) aufzulösen. Aus diesem Grund habe ich mich deshalb auch entschieden, mein Leben nur in einem der zwei Länder meiner Herkunft zu verbringen. Das Argument dazu liefert folgende Überzeugung: Ich trage beide Kulturen aktiv in mir und verhalte mich entsprechend der Situation und meinem geografischen Aufenthalt entsprechend. Damit kann ich gut leben.

Ich habe zwei Kinder von meiner 100% deutschen Frau (jetzt Ex-Frau), welche leider trotzdem nicht die richtige langfristige Partnerin für mich war. Sie kommt "nur" aus einer Kultur und versteht die Ecken und Kanten eines Menschen aus einer Mischehe zu wenig. Es wurde dann nachvollziehbar, hat jedoch eher mit den persönlichen Merkmalen (z.B. die versteckt gehaltene Lebensstrategie und zu wenig tiefe Neugier), als mit der Herkunft zu tun.

Welche Herkunft meine nächste Partnerin sein wird, steht noch in den Sternen. Ich suche jedoch keine —wie in den jungen Jahren - nach dem Kriterium ihrer Herkunft aus, das wäre zu oberflächlich und naiv. Heute bin ich realistischer. Kein Partner stammt aus einem Märchen von 1001 Nacht und keiner passt zu 100% zu einem. Es ist Lebensgesetz. Durch all diese Erfahrungen bin ich zufriedener, realistischer und toleranter geworden, ich nehme das Leben so, wie es kommt.

Heute schaut man sich den Partner sehr genau an und entscheidet sich – nachdem man Erfahrung im Leben gesammelt hat - nach ganz bewussten, realistischen Kriterien, z.B. der emotionalen Stabilität, Vollkommenheit, Spiritualität, Herzensbildung, realistischem Denken, innerer Ruhe und Zielsetzungsvereinbarkeit, um nur einige davon zu erwähnen. Wirklich wichtig, vielleicht entscheidend ist auch die Herzensbildung, denn sie zeigt die Schatten- bzw. die Lichtmerkmale eines Charakters auf.

Für Menschen aus "gemischten" Ehen habe ich einen konkreten Rat: Das Leben ist zu kurz, deshalb sollte man die innere Zerrissenheit sehr ernst nehmen. Man soll sein Herz offen halten, die Doktrinen und ungeschriebenen Gesetze jeder Kultur in Ruhe lassen und nicht dagegen ankämpfen. Es galt für mich immer die Frage: Wer bin ich wirklich, ohne Konditionierung der Herkunft und Familie, ohne Beruf, ohne (Aus)Bildung. Was mir dabei sehr geholfen hat, war die buddhistische Auffassung des Lebens, der unreligiöse undogmatische Buddhismus. Buddhisten, allen voran natürlich der Dalai Lama, haben eine sehr großzügige Weisheit, ungleich jeglicher anderen Dogmen. Diese Auffassungen verhelfen zur Vergebung, zum Meditieren, zur inneren Ruhe und zur wahren Herzensöffnung. Jedes buddhistische Buch, das ich bis jetzt aufgeschlagen habe, hatte geistliche positive Lebensphilosophien und Gedanken. Heute Stunden vor dem Publizieren dieses Buches empfehle ich jedem, den Film THE SHIFT von Dr. Wayne Dyer (frei verfügbar, auch in deutscher Sprache) auf YouTube.com zu sehen.

Höre auf dein Bauchgefühl, sagt jeder. Doch ist es oft sehr schwierig, die Signale des Bauches in unserer stressbeladenen Produktionsgesellschaft wahrzunehmen. Nehmt euch Zeit, meditiert, geht in die Natur, verlernt das bewusste Leben nicht. Nutzt alle Seiten beider Kulturen um zu euch selbst zu finden, um die innere Ruhe zu erlangen, um bei sich anzukommen und ein authentisches Leben zu führen.

Sobald ein Abschnitt des Lebensweges zu etwas innerer Ruhe geführt hat, kann das positive Leben mit viel Genuss zu fließen beginnen. Lasst die Frage der Herkunft ruhen, man kann sie nicht ändern. Akzeptiert euer Schicksal, nehmt es mit Gelassenheit und Liebe an. Je erfahrener man wird, je weniger wichtig ist die Herkunftsfrage, das Leben hat sich in irgendeiner Form schon etabliert. Es gilt nun, sich selbst aus eigenen Vorurteilen zu befreien (ich befreie mich hiermit von meinem Vorurteil, dass die Franzosen rassistisch wären), achtsamer mit seinem Leben und dem Leben anderer umzugehen, und es zu genießen, so lange man kann und so lange man die Gesundheit dazu hat. Hier gelten genau die gleichen Werte wie bei anderen Menschen auch. Die Glückseligkeit kennt keine Herkunft.

Meine Kinder meiner deutschen Frau sagen automatisch auch, sie seien Halb-Deutsch und Halb-ägyptisch, obwohl sie nur 25% Ägyptisch sind.

Das Gefühl und das Wissen, kulturell sensibler zu sein und mehr Verständnis für Kulturen zu haben, ist sehr entspannend. Man ist weniger durch kulturelle Dogmen oder durch ungeschriebene Gesetze eingeengt, man ist weniger ohnmächtig.

Die Welt – mit der Massenfliegerei – wird offener für Kulturen. Es gibt mehr Mischehen als je zuvor und der Trend entwickelt sich weiter. Menschen werden durch diese Entwicklungen feinfühliger, verständnisvoller und weniger doktrinabhängig. Sie tragen Ihre Ursprungskulturen in sich, mit sich, und arbeiten offen oder heimlich als Botschafter der jeweiligen Kulturen, sodass ein Dialog, ein Verständnis, eine Offenheit erfolgen kann.

Merkel ließ ca. 1 Million Asylsuchende nach Deutschland einreisen. Dies ist eine Heldentat, was natürlich auch mit einem gewissen Selbstinteresse erfolgte. Das Land braucht junges Blut, um dem Alterungsprozess der Bevölkerung entgegenzusteuern. Mit dieser Bereicherung und Entwicklung – als Teil der Wirklichkeit - können jedoch einige Mitbürger leider nicht mithalten und reagieren mit Verachtung auch teilweise mit Hass und Kriminalität.

Manche Asylanten und Nichtasylanten radikalisierten sich. Das ist absolut der falsche Weg. Er führt uns nicht zum ersehnten Frieden, nicht zur Schöpfung. Meditiert oder betet und fragt in der Stille des Gebets nach einem Weg. Die meisten Menschen – da bin ich mir sicher – erhalten innerhalb eines bis 36 Monate – je nach Sensibilität und je nach dem erwirtschafteten Guthaben zum Göttlichen - eine direkte und persönliche Antwort.

Die Zeit ist gekommen, ein weltweites Wachsen zu verlangen, eine Zeit, in der mehr Achtsamkeit und weniger Vorurteile gepflegt werden. Vorurteile pflegen ist eine Selbstsabotage. Sie lenkt die Gedanken ab, weg von Lebenszielen,, welches wir verfolgen sollten um Lebensqualität zu erschaffen und Erfüllung zu erreichen. Gerade deswegen finde ich es so wichtig für die Andersartigen, die Minoritäten, die Kinder von Mischehen, Vorurteile wirklich zu ignorieren. Man weiß nicht, ob Menschen gerade vorurteilhaft denken oder nicht. Der Weg aus dem Gefangensein von Vorurteilen leitet mich über meine eigene Akzeptanz sogar zur Bewältigung einiger meiner Schattenseiten. Glaubt man ein Vorurteil zu sehen und handelt dementsprechend, *Bäng* ist man schon subjektiv gefangen. Dies beraubt uns unserer objektiven Handlung und verstärkt dem Gegenüber sein Vorurteil.

Vorurteile werden - aus meiner Sicht – von Menschen gepflegt, welche die alten oder vorbestimmten Strukturen der Gesellschaft aufrechterhalten wollen. Der gesunde Menschenverstand will jedoch wachsen, andere respektieren, Möglichkeiten erschaffen, die Lebensqualität verbessern und Lebensziele materialisieren. Wer Vorurteile pflegt, hängt fest in Gedanken über die Ungerechtigkeit des Lebens oder des politisch-wirtschaftlichen Systems. Seine Angst, sich zu entwickeln, ist größer, als seine Lebenskraft, die ihm erlauben würde, über seine Schattenseite zu springen. Versucht diese Zwickmühle zu verstehen, praktiziert Selbstliebe und vergebt euch selbst. Und wenn es nicht geht: „Ave, Maria, piena di grazia, il Signore è con te. . . ."

Let's move on, enjoy your life, evolve. It's too short to be judgmental.

Also, lasset uns weiterfahren, lasset uns unser Leben genießen und uns entwickeln, denn es ist zu kurz, um in Vorurteilen und Interpretationen gefangen zu sein.

Ich habe meine Herkunft immer als normal angesehen. Es ist wie es ist, und man akzeptiert die Familie - eine Mischehe - als wohl "normal". Jedoch zeigen manche Familien, Mitbürger und Fremde – die aus keiner Mischehe stammen – am Anfang Skepsis. Sie kategorisieren, schieben in Schubladen. Wenn man jedoch offen bleibt und diese Mischehe richtig überzeugt lebt (es ist wirklich nicht schwer!), so merkt der Gegenüber schnell, dass seine Diskriminierung oder sein Schubladendenken hier nicht funktioniert. Es bedarf einer viel feinfühligeren, intelligenteren Kategorisierung bei Kindern von Mischehen, die dann oft gänzlich unterbleibt. Man wird auch dadurch stolzer, man erlangt Weisheit, ist flexibler und versteht das Leben (meistens) besser. Ich bin stolz auf meine Herkunft, denn ich bin ein bunter Vogel und kein grauer Rabe.

Was mir an dieser Geschichte besonders gut gefällt sind die Ausführungen über Vorurteile. Dieser Mann hat sich intensiv damit beschäftigt und ist damit "fertig" geworden. Er hat akzeptiert, dass es diese Vorurteile gibt, keiner kann dagegen etwas machen. Aber die Kinder mit den zwei "Blutgruppen" (wie es in einer anderen Geschichte heißt), sind doch klar im Vorteil. Sie haben zwei Sichtweisen und dadurch können sie auch in größeren Dimensionen denken!

Kapitel 12: Rania: Zurück ins Vaterland

Auch diese junge Frau lernte ich über das Internet kennen. Ihre Geschichte ist ziemlich typisch: Der ägyptische Vater hat den Kindern kein Arabisch beigebracht, das ist bei vielen so. Jetzt lebt sie in Ägypten mit ihrem ägyptischen Ehemann. Hier ist ihre Geschichte:

Mein Vater war Ägypter, er ist 1932 in Port Said geboren. Meine Mutter war Deutsche und ist 1938 geboren. Mein Vater war Apotheker, meine Mutter Krankengymnastin. Sie lernten sich in der 60er Jahren in Berlin in einem Lokal namens "Die Badewanne" kennen.. Später haben sie öfter mal Witze darüber gemacht, dass sie sich in der Badewanne kennengelernt haben.

Mein Vater kam Anfang der 60iger Jahre nach Deutschland. Seine Familie kommt aus Damietta/Ras El Barr. Da er in der Schule nicht so gut war, beschloss die Familie, ihn nach Deutschland zu schicken, damit aus ihm noch etwas "Anständiges" wird. Er beschloss dann, Pharmazie zu studieren, nachdem er verschiedene Praktika in einem Labor gemacht hatte.

Meiner Erinnerung nach hatte mein Vater gerade ein Praktikum gemacht, als sich meine Eltern kennen lernten; er wohnte zu der Zeit in einem möblierten Zimmer in der Nähe des Ku'damms in Berlin.

1965 haben sie dann geheiratet.

Ich bin 1980 in Berlin Wedding geboren. Ich habe eine Schwester, sie ist 8 Jahre älter als ich und hat eine erwachsene Tochter.

Meine Eltern haben sich 1994 scheiden lassen, bis zur Scheidung haben wir alle in Berlin Wilmersdorf gelebt.

Mein Papa blieb in Berlin, während wir öfters mal umzogen. 1998 ging mein Papa endgültig nach Ägypten zurück. Dann trennten sich meine Eltern und ich lebte bei meiner Mutter.

Die Scheidung kam, nachdem mein Vater sich verändert hatte. Er wollte nicht nur seinen Glauben als Moslem leben, auch seine Kinder sollten kulturell eingebunden sein mit Beten, Fasten, in der Kleidung und allem anderen. Das gefiel meiner Mutter gar nicht, sie wollte diese Veränderung nicht mitmachen und die Ehe scheiterte. Mein Vater hat in Ägypten noch mal geheiratet, allerdings verstarb seine zweite Frau bald darauf an Krebs. Das erfuhr ich erst später, die Familie dort lernte ich jedoch nicht kennen. Meine Mama lernte jemand Neuen kennen, doch glaube ich, dass meine Eltern sich bis zum Schluss liebten. Beide Eltern verstarben 2006 innerhalb von vierzig Tagen, meine Mutter in Deutschland und mein Vater in Ägypten.

Jetzt lebe ich mit meinem ägyptischen Ehemann und unserem Sohn (Jg. 2015) in Hurghada und Kairo, 2010 bin ich nach Kairo ausgewandert.

Ich selbst fühlte mich definitiv immer mehr mit Ägypten verbunden. Aber ich war ein absolutes Mama-Kind, während meine Schwester schon immer mehr an unserem Vater hing. Er hat sie auch nach Ägypten mitgenommen. Mich hat er nie mitgenommen, deshalb habe ich auch keine Bindung zur Familie meines Vaters. Ich habe nach meiner Auswanderung versucht den Kontakt herzustellen, allerdings ohne Erfolg, das finde ich sehr schade.

In der Familie haben wir immer Deutsch gesprochen. Leider hat mein Vater uns Kindern seine Sprache nicht nahe gebracht. Leider ist das bei fast allen Ägyptern so, die im Ausland leben, die Kinder lernen die Sprache des Vaters nicht. Ich habe in Deutschland beim Bildungsverein und Kulturkreis angefangen Arabisch zu lernen und jetzt durch den Alltag in Ägypten und der Hilfe meines Ehemannes das Ägyptisch-Arabisch (in mündlicher Form).

Die Religion spielte für mich anfangs keine Rolle. Ich war in der Schule bei den Freien Christen. Mein Vater begann seine Religion zu leben, als ich ungefähr fünf Jahre war. Er betete dann fünf Mal am Tag, trank keinen Alkohol mehr und fastete auch an Ramadan. Später wollte er dann, dass wir auch nach seinem Glauben leben sollten; dies führte nach einigen Jahren zur Scheidung. Ich bin eigentlich ohne Religion aufgewachsen, erst jetzt lerne ich durch meinen Mann den Islam besser kennen und schätzen.

Bis mein Papa nach Ägypten zurückging, hatte ich regelmäßigen Kontakt zu ihm und hab ihn auch in Berlin besucht. Dann kam eine Zeit, als er sich kaum gemeldet hat, da war ich so neunzehn oder zwanzig, das war, als er dann ganz nach Ägypten zurückging. Dieser Umstand der örtlichen Trennung hat mich sehr beschäftigt und irgendwie habe ich auch darunter gelitten.

Meine Vorliebe für Ägypten hat mich auch bei der Wahl meines Mannes beeinflusst. Ich habe 2008 einer ebenfalls Halb-Ägypterin etwas für ihren damaligen Freund nach Kairo mitgebracht, dieser hatte sich um mich gekümmert, damit ich etwas aus meinen vier Wänden rauskomme. Ich wohnte bei meiner Cousine während dieser Zeit, als auch öfters ein junger Mann dabei war. Allerdings haben wir zu der Zeit kaum miteinander geredet.

Erst nachdem er meine Bekannte nach meiner Messenger Nummer (Was ist das?) fragte, fing ein regelmäßiger Kontakt zwischen ihm und mir an.

Ein halbes Jahr später bin ich dann noch einmal nach Kairo gereist und dort kamen wir dann 2009 zusammen. Auf der Universität von Kairo studierte er Technischer Ingenieur. Da es noch nicht feststand, wann er zur Armee musste, bin ich 2010 nach Ägypten ausgewandert, nach einem Jahr Fernbeziehung. Er wurde dann zum Dienst eingezogen. Die Zeit in der Armee als Offizier war für ihn anfangs sehr hart, doch dann nicht ganz so schlimm. Wir haben anschließend 2013 in Kairo in der Moschee der Polizei im Bezirk „6th October“ geheiratet.

Diskriminierung habe ich in meiner Jugend in Deutschland nie erfahren. Erst später, als ich verheiratet war, kamen manchmal Bemerkungen durch deutsche Freunde oder Bekannte. Sie sind skeptisch und denken oft, dass man als Frau eines Ägypters sehr eingeschränkt lebt und dass man vieles nicht darf. Ich versuche dann immer ruhig zu bleiben und erkläre meinen Standpunkt. Ich habe festgestellt, dass jene nur wenig über das wirkliche Leben in Ägypten wissen, woraus dann viele Vorurteile und vorgefasste Meinungen entstehen. Ich persönlich hatte nie Probleme damit.

Als technischer Ingenieur arbeitet mein Mann als Kundenbetreuer in einem Autohaus. Ich bin PTA (Pharmazeutisch-Technische-Assistentin), in Deutschland war ich bis 2010 in diesem Bereich tätig. Jetzt haben wir einen einjährigen Sohn, um welchen ich mich nun als "Vollzeit-Mama" kümmere.

Mein Leben ist sehr ägyptisch geworden; ich kümmere mich um Kind und Haushalt. Ich gehe öfter mit anderen Mamas und Kindern hier in Hurghada aus, wir treffen uns am Strand oder Spielplatz. Freitags ist Familientag, da wird etwas gemeinsam mit dem Papa unternommen. Wir leben in Hurghada und sind zufrieden hier. Ob wir mal nach Deutschland gehen wollen, steht noch nicht fest. Vielleicht, wenn es mal um die Schulbildung für unseren Sohn geht, aber das wissen wir noch nicht.

Ansonsten sind wir regelmäßig bei meiner Schwiegerfamilie in Kairo, die sich immer sehr auf den Besuch ihres Enkels freut. Dort besuchen wir auch häufig andere Familienmitglieder oder unser Sohn genießt die Zeit mit Tante und Oma und wir können dann auch mal wieder als Paar etwas unternehmen. Das ist für mich sehr wichtig, denn zurzeit dreht sich unser Leben nur um unseren Sohn.

Zu meiner Familie (also der meines Vaters) habe ich leider kaum Kontakt. Hin und wieder zu meinen Großcousinen, aber sehr, sehr selten. Ich habe versucht, etwas mehr Kontakt aufzubauen, aber irgendwie kam wenig (statt: nicht so das) Interesse von deren Seite, da habe ich es aufgegeben.

Auf die Frage was ich an Ägypten liebe, kommt die Antwort, die wahrscheinlich die meisten Deutschen geben: "Das Wetter!" Aber ich liebe auch die Herzlichkeit und Spontaneität, das fröhliche Wesen der Menschen und manchmal liebe ich sogar das Chaos! In Ägypten ist es immer laut, das ist die Natur der Menschen. In Deutschland sind die Straßen manchmal ganz leer, da fragt man sich, wo sind all die Menschen hin?

In Deutschland liebe ich die frische Luft (verglichen mit Kairo), den Wald, die Natur und die Ruhe. Auch finde ich die öffentlichen Verkehrsmittel gut, sie sind sauber und meistens pünktlich.

Eigentlich bin ich stolz und glücklich, eine Halb-Ägypterin zu sein! Ein Problem habe ich jedoch in Ägypten: Mein Name ist arabisch, aber ich spreche nur wenig Arabisch. Darauf hat mein Vater leider nicht geachtet. Er hat uns seine eigene Sprache nicht beigebracht. Auch denke ich, hätte er mich mit nach Ägypten in den Ferien nehmen sollen, damit ich seine Familie kennen lerne. Dass er dies nicht gemacht hat, finde ich sehr schade.

Ich rate allen Ägyptern, die in Deutschland leben und Kinder haben, den Kindern beide Sprachen beizubringen und den Kontakt mit der Familie zu vermitteln. Dies bringt Vorteile in jeglicher Hinsicht und so lernt man, diese zwei Welten besser kennen und verstehen. Die Kommunikation in einer anderen Sprache (also in Englisch zum Beispiel) kann nie so intensiv und echt sein wie in der Landessprache.

Ich bin hier in Ägypten oder auch in Deutschland mit meiner Herkunft sehr zufrieden und könnte mir nicht vorstellen, anders zu sein! Beide Teile gehören zu meinem Leben und ich bin stolz darauf!

Eine ziemlich typische Geschichte. Das ist eigentlich die Quintessenz bei fast allen Geschichten: Die Kinder profitieren von ihrer gemischten Herkunft. Es wäre noch besser, wenn der Vater seinen Kindern die Sprache und die Kultur vermittelte!

Kapitel 13: Karima: Im Zwiespalt Ägypten - Deutschland

Auch Karima lernte ich über das Internet kennen. Ihre Geschichte ist ganz anders, schon weil ihre Eltern nicht zusammengelebt haben. Zu ihrem Vater hatte sie kein gutes Verhältnis. Er ist im Mai verstorben. Hier ist ihre Geschichte:

Meine Mutter hat mich allein aufgezogen, meinen Vater sah ich dann eher selten, er spielte keine Rolle in meinem Leben für mich. Ich wuchs christlich auf, für den Islam interessierte ich mich erst viel später.

Als uneheliches Kind eines ausländischen Vaters war es in der Schule für mich nicht immer ganz einfach. Meine Mutter hat mir erzählt, dass bei meiner Geburt die Krankenschwester zu ihr gesagt hat: „Na, haben sie ein Urlaubsmitbringsel?!“ In der Schule wurde ich wegen meiner schwarzen Haare gehänselt und wegen vielem anderen, das sich nicht direkt mit meiner Herkunft in Verbindung bringen lässt, eher indirekt. Auf jeden Fall bin und war ich immer eine Exotin.

Zunächst wollte ich gar nichts mit Ägypten zu tun haben. Ich verliebte mich in einen Deutschen, wir bekamen eine Tochter, leider ging die Beziehung wieder auseinander.

Als ich 30 Jahre alt war, wollte ich dann endlich meine Wurzeln kennen lernen und reiste mit meinem Vater nach Ägypten. Ich lernte seine Familie kennen und kam mit einer unbändigen Liebe für das Land und einem Wortschatz von 150 Wörtern zurück. Das Verhältnis zu meinem Vater war leider nur kurze Zeit entspannt. Ich verliebte mich bei dieser Reise nämlich auch in einen entfernten Cousin aus der Familie meines Vaters. Mein Vater war absolut gegen diese Verbindung und verbot mir den Umgang. Ich fühle mich aber der ägyptischen Seite näher.

Ich hatte zwei ägyptische Männer. Den ersten habe ich übers Internet kennen gelernt, er ist der Vater meiner jüngeren Tochter. An Ostern 2004 flog ich nach Ägypten, lernte dort seine Familie kennen, die mich mit offenen Armen aufnahm. Ich blieb vier Wochen und wir verlobten uns, danach war ich wieder in Deutschland.

Wir heirateten zuerst islamisch und als er nach Deutschland kam heirateten wir 2006 standesamtlich. 2007 wurde unsere Tochter Latifa geboren. Er bekam Arbeit in Österreich. Ich wollte nun mit ihm zusammenleben, eine Familie sein, egal wo, ob in Österreich oder in Ägypten, leider wollte er das nicht. So entschloss ich mich, mit meinem Baby und meiner anderen Tochter nach Ägypten zu gehen. Ich bekam dort eine Stelle an einer deutschen Schule und lebte in Kairo. Die Familie meines Mannes unterstützte mich. Sie sind eigentlich meine Familie, noch immer, auch nachdem mein Mann und ich uns getrennt haben. Wir sind heute noch in einem sehr guten Kontakt und ich bin nach wie vor Teil seiner Familie in Ägypten. Gescheitert ist diese Ehe letztlich daran, dass mein Mann keine Familie wollte, er lebt auch jetzt allein.

Während meines Aufenthalts in Ägypten lernte ich dann meinen zweiten Mann kennen. Er war Lehrer, stammte vom Lande. Damals konnte er kein Wort deutsch. Wir haben 2009 in Kairo auf dem Shar el Akari geheiratet.

Wir gingen dann mit den Kindern zurück nach Deutschland. Meine ägyptische Familie, also die meines ersten Mannes, besuchte uns oft in Deutschland. Sie haben auch zu meinem zweiten Mann ein gutes Verhältnis und waren Trauzeugen bei meiner zweiten Hochzeit.

Meine zweite Ehe zerbrach dann leider auch. Mein Mann konnte sich mit der Situation in Deutschland nicht abfinden. Ich habe einen guten Job, ich bin Sozialarbeiterin, er arbeitet "lediglich" in einem Fitness-Studio. Meine Erklärung des Bruches war, dass er nicht mit der Situation zurecht kam, dass ich als Sozialarbeiterin einen höher angesehenen Status habe, als er.

Jetzt lebe ich mit den Kindern in Freiburg in einer Partnerschaft mit einem Türken.

Religion spielt in meinem Leben eine sehr wichtige Rolle Ich bin christlich aufgewachsen und lebe das auch. Inzwischen versuche ich beide Religionen zu leben und finde keine großen Unterschiede.

Ich spreche Deutsch – inzwischen auch Arabisch. Mit 30 habe ich angefangen, die Sprache zu lernen. Als ich noch mit meinem Mann zusammen war, haben wir eine völlig eigene Familiensprache entwickelt – eine Mischung aus Deutsch und Arabisch.

Das Leben in diesen zwei Kulturen ist auf jeden Fall eine Bereicherung, was mir meine Kinder in diesem Sinne bestätigen.

Früher habe ich mir manchmal gewünscht, aus einer ganz "normalen" Familie zu kommen. Aber meistens war ich stolz auf meine besondere Herkunft und heute ist dieses Gefühl sehr stark.

An Ägypten liebe ich die Lebendigkeit, die Herzlichkeit, die Offenheit, das Wetter, das Temperament, die Romantik und das Design (welches?)....

In Deutschland liebe ich den Lebensstandard, die Flexibilität in der Fortbewegung, die Eigenständigkeit und die Emanzipation.

Offene Vorurteile erlebe ich kaum – nur subtile Ablehnung meiner eher distanzlosen offenen Art. Aber manchmal lasse ich mich immer noch "klein machen" an dem Punkt der Ablehnung.

Ich würde allen, die aus solch einer "gemischten" Verbindung stammen, Folgendes raten: Versucht, so gut es geht, beide Kulturen zu leben, und akzeptiert, dass ihr immer zwei "Blutgruppen" haben werdet.

Meine Kinder hatten im Gegensatz zu mir von klein auf viel mit Ägypten zu tun. Die Kleine hat dort ihre ersten 2 Lebensjahre verbracht. Meine Familie (eigentlich die meines Exmannes) ist jährlich bis zu einem Viertel Jahr bei uns und so fühlen sich meine Mädels auch jetzt schon sehr ägyptisch.

Ich belasse es dabei. Ich denke inzwischen, dass ich möglicherweise meine ganze spannende Geschichte selbst noch mal zu einem Buch verarbeiten möchte.

Hier kommt auch wieder die Zerrissenheit zum Ausdruck, die sich durch viele dieser Geschichten zieht. Karima fühlt sich ägyptisch, möchte aber in einer Partnerschaft gleichberechtigt sein, auf

Augenhöhe mit dem Ehemann. Das gelingt nicht oft mit einem Ägypter. Die Gleichberechtigung ist noch nicht für alle Realität, und wenn die Frau womöglich mehr verdient als ihr Mann, dann geht das selten gut. Auf die Gleichberechtigung, also eine ebenbürtige Partnerschaft, wird Karima wahrscheinlich nie verzichten.

Kapitel 14: Isis: Mein Leben von Paris über Stuttgart nach Casablanca

Ich wurde am 19. Januar 1982 in Les Lilas, einem Vorort von Paris, von meiner französischen Mutter, Catherine Maria Madeleine Bal geboren. Meine Mutter suchte immer die Unabhängigkeit. Sie wollte unabhängig sein in ihrer Arbeit, in ihrem Leben, von allem und jedem Menschen frei sein, eine allein erziehende Mutter. Sie verfolgte diesen Traum bis zu Ende: sie wurde schwanger und überstand die Geburt ihres ersten und einzigen Kindes allein und ohne die Unterstützung meines Vaters, der nichts von der Schwangerschaft wusste. Deshalb hatte meine Mutter am Tage meiner Geburt nur den Beistand ihres Bruders Fréderic Bal. Er war der einzige aus ihrer Familie, mit dem sie noch Kontakt hatte, außer ihrer Mutter. Wahrscheinlich wählte meine Mutter deshalb den Vornamen Fréderique für mich. Dann hängte sie an diesen Vornamen noch Isis an, so dass auf meiner Geburtsurkunde nun Fréderique-Isis steht. Als ich klein war, verstand ich nicht, warum sie diesen Namen gewählt hatte, erst viel später erklärte sie mir, dass sie diesen Zweitnamen dazu-wählte, da mein Vater, den ich nicht kannte, Ägypter war. Und als ob diese zwei Vornamen nicht genug wären, nannte sie mich auch noch Alexandrine, zur Erinnerung an meine ganze französische Familie, denn mein Onkel heißt Alexandre, meine Großmutter hieß Alexandrine und alle männlichen und weiblichen Verwandten haben als ersten oder zweiten Vornamen Alexandre oder Alexandrine. Während meines ganzen Lebens habe ich alle drei Vornamen benutzt. Manche meiner Freunde nennen mich Fred für Fréderique, andere Alex für Alexandrine. In meiner Familie heiße ich

Isis. Es ist immer wieder ulkig zu beobachten, wie verblüfft die Menschen sind, wenn ich gleichmäßig auf alle drei Namen reagiere, wenn verschiedene Leute um mich herum sind.

Da meine Mutter mit meinem Vater keine Verbindung mehr hatte, war der Name Isis das einzige, was mich noch mit Ägypten verband. Über den Tag meiner Geburt oder wie es damals meiner Mutter ging, ist mir nichts bekannt. Da meine Mutter nicht mehr lebt, kann ich nur meinen Onkel Fréderic danach fragen. Ich hoffe, dass ich eines Tages einmal mit ihm zusammen sitzen kann und es fertig bringe, ihn nach allem zu fragen, was meine Mutter und ihre Familie anbelangt. Ich möchte so viel Information und Details wie möglich von ihm bekommen, damit ich eines Tages ein Buch über meine Mutter und über mich schreiben kann. Ich möchte das für sie, für mich und für meine Kinder tun. Onkel Fréderic ist wirklich der einzige Mensch, der meine Mutter und mich sehr gut kennt. Er war am Tag meiner Geburt anwesend und half ihr auch, wenn sie finanzielle Probleme hatte. Auch in meiner Kindheit kümmerte er sich um meine Mutter und mich, war immer verfügbar, wenn wir ihn brauchten. Er war an ihrem Sterbebett anwesend und ist auch jetzt noch jederzeit für mich da, wenn ich ihn brauche. Es ist mir nicht ganz klar, wie sich meine Mutter fühlte, während ihrer Zeit mit meinem Vater. Soweit ich weiß war es eine heimliche Verbindung, denn mein Vater war verheiratet. Aber ich bin mir ziemlich sicher, dass sie sich sehr einsam fühlte. Meine Mutter war sehr stolz und es muss ihr schwer gefallen sein, diese Verbindung „einfach so“ abzubrechen.

Ich wuchs dann alleine bei meiner Mutter auf. Ich verbrachte meine ganze Kindheit zwischen der Schule und dem Restaurant, welches meine Mutter betrieb, oder man könnte sagen, versuchte zu betreiben. Sie war leider in finanziellen Dingen nicht so realitätsnah, sie vergaß zum Beispiel Gutscheine für Essen, welche von verschiedenen Firmen ausgegeben wurden, einzulösen. So kam sie immer wieder einmal in finanzielle Schwierigkeiten. Trotz meiner jungen Jahre verstand ich diesen Umstand ziemlich schnell. Damals war ich etwa sechs Jahre alt und ich war immer besorgt wegen der vielen Briefe, die wir erhielten, welche jedoch nie geöffnet wurden. Ich bat sie immer: "Bitte Maman, mach die Post auf, es kann doch etwas wichtiges dabei sein!" Doch sie antwortete immer dasselbe: "Ja, morgen, mein Tochter, morgen!" Doch die Briefe wurden nie geöffnet! Ich arbeitete mit ihr zusammen und sammelte alle Essens-Gutscheine ein und freute mich darüber, wenn es sehr viele waren, was bedeutete, dass wir ein bisschen Geld bekommen würden. Leider waren jene, aufgrund des Umstandes, dass sich meine Mutter nicht wirklich seriös um das Geschäft kümmerte, oft schon abgelaufen, also nicht rechtzeitig eingelöst worden, was mich dann traurig stimmte. Irgendwie hatte meine Mutter einfach das reale Leben aufgegeben, dies ist zumindest mein Eindruck. Die Welt mit ihrer doch so krassen Realität, finanziell und administrativ, die Banken, all das war so entgegengesetzt ihrer Persönlichkeit, die vorwiegend spirituell war. Nichts gegen eine spirituelle Lebensweise, doch darf man dabei die Realität des täglichen Lebens, die Politik, die Banken und die Regeln, die wir befolgen müssen, nicht außer Acht lassen!

Unser Restaurant „Pacific Wagon“ war eigentlich sehr nett. Die Inneneinrichtung bestand aus hintereinander aufgereihten ledergepolsterten Bänken mit Tischen, sogar mit einem Gepäcknetz unten am Sitz, ähnlich wie man sie früher in Zugabteilen finden konnte. Es gab angenehmes, weiches Licht und immer lief das Radio und spielte süße Jazz-Musik aus den 80er Jahren. Die ganze Atmosphäre war angenehm, gemütlich.

Meine Mutter kochte gute internationale Gerichte: Einmal aus der traditionellen französischen Küche wie zum Beispiel „Boeuf Bourguignon“ oder auch andere Gerichte, die sie von verschiedenen Reisen oder von Leuten, die sie während ihres Lebens getroffen hatte, mitgebracht hatte. Die Favoriten auf der Speisekarte waren: „Chili con Carne“ oder die berühmte Paella, aber auch „Moules Frites“, das Gericht unserer belgischen Nachbarn.

Für meine Mutter war dieses Leben als Alleinerziehende mit einem Restaurant und einer Bar, viel zu viel. Ihr Tag fing um 5:30 Uhr an und endete um Mitternacht. Zusätzlich zu diesem langen Arbeitstag kam die Aufgabe als alleinerziehende Mutter hinzu, wo sie geduldig sein musste, wenn ich weinte. Sie musste sich meine Kindergeschichten und Kümmernisse anhören, mir meinen Schlafanzug anziehen, meine Tränen trocknen und mir eine Geschichte zum Einschlafen erzählen. Meist schlief ich bei ihr im Restaurant in einem Sessel, bis sie mit der Arbeit fertig war. Sie trug mich dann auf den Schultern zum Taxi, welches uns nach Hause fuhr. Die Wohnung war nie so sauber, denn sie hatte einfach keine Zeit zum Putzen. Sie arbeitete sieben Tage die Woche ohne einen Ruhetag, hatte während dieser ganzen Zeit nicht einen einzigen Tag Urlaub. Wir fuhren nie in die Ferien, geschweige verbrachten ein freies Wochenende zusammen oder einen einzigen freien Sonntag. Sie musste kochen, putzen und stark sein, manchmal gegenüber einem halben

Dutzend betrunkener Rugby-Spieler oder sogar gegenüber einem Kerl, der gerade einen Revolver ziehen wollte, um seine Frau umzubringen. Die Aufgabe als meine Mutter war auch nicht immer ganz einfach für sie. Irgendwie wollte sie auch noch „Frau sein", hatte einige Affären, welche ich nicht mitbekommen sollte. Sie versuchte ihre Trinkerei zu verheimlichen, niemand sollte bemerken, dass sie betrunken war oder krank.

Dann kam, was eigentlich kommen musste: Wie jedes Jahr, war ich Dezember 1992 in den Weihnachtsferien bei Bekannten meiner Mutter in einem kleinem Dorf 300 km entfernt von Paris; mein Mutter zahlte ihnen ein bisschen Geld damit sie sich um mich kümmern sollten, denn es war für mich besser, als die ganze Zeit im Restaurant herumzusitzen. Am 25. Dezember rief ich meine Mutter am Telefon an, um schöne Weihnachten zu wünschen und sie über das Telefon zu küssen. Ich hörte ihre Stimme und spürte, dass etwas mit ihr nicht in Ordnung war. Ich weinte, aber die Leute um mich herum sagten, dass ich mir keine Sorgen machen sollte.

Die Ferien gingen zu Ende, und wie gewöhnlich brachte man mich zur Bahnstation und ich fuhr die drei Stunden nach Paris wie immer (seit ich vier Jahre alt war!). Meine Mutter holte mich dann immer bei dem Bahnhof Austerlitz ab. Doch dieses Mal kam sie nicht. Ich wusste damals noch nicht, dass dieses der Beginn einer langen Reise für mich und der Anfang vom Ende für meine Mutter werden sollte. Ich war erst 10 Jahre alt und konnte nicht alleine mit der Metro fahren. Ich weinte und ging zu einem Polizisten. Er telefonierte dann, und der damalige Freund meiner Mutter kam und holte mich eine Stunde später ab. Ich hasste ihn, aber meine Mutter opferte sich für mich, um mir einen Platz zum Schlafen zu geben. Wir wohnten bei diesem Freund, denn sonst hätten wir im Restaurant schlafen müssen. Ein Jahr zuvor waren wir aus unserer Wohnung ausgewiesen worden, weil die Miete einige Zeit nicht bezahlt worden war. Als wir in seiner Wohnung ankamen, lag meine Mutter auf dem Fußboden, sie war ganz gelb und hatte Blut an der Nase und am Mund. Sie konnte kaum sprechen, konnte nicht aufstehen, auch nicht einmal zur Toilette, die nur einen Meter entfernt war. Sie sprach ganz langsam und sagte mir, dass ich am nächsten Tag, wenn ich von der Schule käme und sie nicht im Restaurant wäre, nach Hause gehen solle, den blauen Koffer nehmen und meine Sachen packen.

Am nächsten Tag kam ich von der Schule und ging danach schnurstracks ins Restaurant. Sie war nicht da, also ging ich in die Wohnung, es war etwa 20 Minuten zu gehen, packte meine Kleidung in den blauen Koffer, wie sie mir am Tage zuvor gesagt hatte. Dann ging ich mit meinem blauen Koffer, der fast so groß wie ich war, durch die Pariser Straßen, zu einer ihrer Freundinnen, wie sie mir auch gesagt hatte, welche nicht weit vom Restaurant wohnte. Sie hatte zwei kleine Mädchen, welche beide jünger waren als ich. Ich erinnere mich gut, dass beide Läuse in den Haaren hatten. Sie erklärte mir dann, dass meine Mutter jetzt im Krankenhaus wäre und wir sie bald besuchen würden. Die Freundin meiner Mutter wollte sich während dieser Zeit des Krankenhausaufenthaltes um das Restaurant kümmern.

Am nächsten Tag ging ich ganz normal zur Schule und erzählte niemanden von meinen Problemen. Dann wurden wir auf Läuse untersucht und man stellte bei mir auch welche fest. Ich benutzte diese Gelegenheit der Entlausung, um von meiner Situation zu berichten. Danach wurde ich von allen Mitarbeitern der Schule unterstützt. Die Lehrer, die Sozialhelferin, die Putzfrau, alle kümmerten sich um mich, man sammelte sogar Geld bei den Eltern für mich, damit ich einige neue Sachen kaufen konnte, welche ich dringend brauchte. Ich benötigte dringend eine Brille, da sie entdeckten, dass ich plötzlich stark kurzsichtig war. Für diese Sammelaktion bin ich heute noch sehr dankbar. Ich schlief abwechselnd bei einer meiner Lehrerinnen oder bei der Sozialhelferin, um zu vermeiden, dass man mich zu irgendeiner X-beliebigen Pflegefamilie brachte.

Die Besuche bei meiner Mutter wurden abwechselnd begleitet, so musste ich nie alleine hingehen. Meine Mutter lag im Koma in einem Krankenhaus in Orsay (in der Nähe von Paris), konnte weder sprechen, noch sich bewegen und war von vielen technischen Apparaten umgeben. Ich musste einen weißen Kittel anziehen und ging dann in ihr Zimmer. Ich sah sie, sprach zu ihr und weinte. „Bitte Maman, verlass mich nicht, ich liebe dich, ich weiß dass du stark bist, ich glaube an dich!“ Sogar in Koma sah ich wie ihr Herz schneller schlug, so als ob sie mir sagen wollte, dass sie mich hörte. In diesem Moment hatte ich noch Hoffnung.

Aber ein paar Tage später, genauer gesagt, am 14. Januar 1993, fünf Tage vor meinem 11 Geburtstag, wurde ich während der Pause ins Rektorat der Schule gerufen, alle Lehrer waren da. Sie sagten mir, dass ich mich hinsetzen solle. Ich sah in ihre Augen, sah dass diese feucht und traurig waren und wusste sofort, was sie mir sagen wollten. „Alexandrine, du weißt was wir dir sagen müssen, deine Mutter ist leider verstorben. Wir wissen dies ist hart für dich, bist du ok?“ Ich antwortete: „Ja, bitte lassen Sie mich wieder zurück in den Pausenraum gehen.“ Und ich rannte bis zur letzten Mauer des Pausenraums, versteckte mich dort und weinte ganz allein vor mich hin. Meine beste Freundin kam zu mir und fragte mich, was denn passiert sei. Ich weinte nur und schrie so laut wie möglich: „Meine Mutter ist tot! Bitte lass mich allein!“ Die Todesursache habe ich erst Jahre später erfahren und begriffen, als ich in dem Krankenhaus um Auskunft gebeten habe. Sie starb an Hepatitis C.

Der französische Staat plante, mich in einer Pflegefamilie unterzubringen. Durch einen Zufall jedoch konnte ich in der Familie unterkommen, bei denen ich schon oft die Sommer- und Weihnachtsferien verbracht hatte. Das waren Bekannte meiner Mutter und sie wohnten in einem winzigen Dorf in Zentralfrankreich. Als ich gefragt wurde, wohin ich gehen möchte, bat ich darum, mich zu dieser Familie zu senden. Ich konnte nicht zu meinem Vater, den ich nicht kannte und von dem ich auch gar nichts wusste. Ich hatte nur wenig Beziehung zu der Familie meiner Mutter und kannte nur meinen Onkel und meine Großmutter. Beide konnten mich nicht aufnehmen, so wurde diese andere Familie meine Pflegefamilie, der Staat bezahlte dafür. Sie kannten meine Mutter und mich schon zuvor und lebten in einem winzigen Dorf mit nur 20 Einwohnern. Ihre eigenen Kinder waren schon erwachsen. Es gab dort nichts zu tun außer zu lernen, und ich wurde eine sehr fleißige Schülerin. Die Pflegeeltern erzogen mich ohne Liebe. Von diesem Zeitpunkt an, wurde mir bewusst, dass ich alleine war. Erst später habe ich auch wirklich verstanden, dass sie mich nur genommen hatten, um ihr Einkommen aufzubessern. Seit einiger Zeit habe ich die Beziehung zu ihnen abgebrochen. Ich ging zur Schule und verbrachte dort meine Kindheit bis zum 18. Lebensjahr. Danach wurde es Zeit, meinen eigenen Weg zu gehen. Ich wollte auf die Universität und wählte als Ort eine mittelgroße Stadt, nämlich Tours. Dort ist es ideal für Studenten, nicht so groß wie Paris, und die Universität hat einen guten Namen.

Auf der Universität traf ich meinen zukünftigen Mann, nämlich Omar, einen jungen, attraktiven Mann aus Marokko, der ebenfalls studierte. Zwei Jahre danach heirateten wir aus Liebe, außerdem hätte er womöglich zurück nach Marokko müssen, wenn wir nicht geheiratet hätten, denn durch die Heirat bekam er das Aufenthaltsrecht. Wir zogen dann nach Paris und bemühten uns beide um Arbeit.

Als Omar mich zum ersten Mal sah, erkannte er gleich, dass ich arabisches Blut habe. Ich erzählte ihm meine Geschichte und erklärte auch, dass mein Vater wahrscheinlich Ägypter ist, ich ihn jedoch nicht kenne. Omar meinte: „Falls er wirklich Araber ist und wir finden ihn, wird er dich nicht ablehnen, lass mich versuchen, ihn für dich zu finden!"

Bis dahin hatte ich keinen Vater gehabt und ich sagte mir immer, dass es besser ist, keinen zu haben als einen Vater der womöglich säuft und nicht wirklich freundlich ist. Aber Omar ermutigte mich zu diesem Schritt und ich empfand es wie eine Art "Schatzsuche" mit meinem Mann Omar als Detektiv.

Ich hatte mir meinen Vater immer so vorgestellt: ziemlich alt, Ägypter, multinational und Geschäftsmann. Wahrscheinlich hat meine Mutter sogar meine Fragen beantwortet, als ich noch klein war, aber ich war auch nicht sicher, ob das alles so stimmte. Schließlich fanden wir meinen Vater und dies ereignete sich folgendermaßen:

Zuerst gingen wir nach Paris zu dem Amt, das zuständig ist für elternlose Kinder. Wir lasen einen Bericht, aus welchem nicht konkret hervorging, wer mein Vater war. Endlich fanden wir in den Unterlagen meiner Mutter etwas, da tauchte nämlich ein arabischer Name mit einer deutschen Adresse auf. Ich erfuhr erst viel später, dass ihm das Restaurant gehörte, in welchem meine Mutter arbeitete. Auch die genaue Adresse stand da, in Deutschland!

Wir gingen zur ägyptischen und zur deutschen Botschaft. Nach einigen Schwierigkeiten (damals im Jahre 2002 hatten wir noch kein Internet) fanden wir die Telefonnummer heraus, leider war er in der Zwischenzeit umgezogen. Wir kamen dann aber an die neue Telefonnummer und irgendwann rief Omar dort an. Er bekam tatsächlich einen Herrn ans Telefon, mit dem er sogar arabisch sprechen konnte. Er sagte ihm: „Es gibt in Paris eine junge Frau, die wahrscheinlich Ihre Tochter ist!“ Er sagte ihm auch, dass ihr Name „Isis“ sei. Darauf stellte mein Vater einige Fragen und sie verblieben wohl so, dass man die Sache etwas genauer untersuchen müsse.

Ich habe später erfahren, dass mein Vater damals mit seiner deutschen Ehefrau und einer ganzen Reisegruppe nach Ägypten zu einer Rundreise aufbrach. Damals müssen ihm viele Dinge durch den Kopf gegangen sein, denn in Ägypten sieht man fast in jedem Tempel Abbildungen von Isis, der Göttin. Die Frau meines Vaters wusste von nichts und wunderte sich etwas über die geistige Abwesenheit meines Vaters.

Zurück in Deutschland bekam mein Vater zuerst einen Anruf von Omar, dann von mir. Mein Vater hörte sich alles an und stellte Fragen zu den Daten und ähnliches. Dann sagte er, dass er zuerst mit seiner Frau sprechen müsse und legte auf. Später habe ich erfahren, dass seine Frau schon nach fünf Minuten überzeugt war, dass die Geschichte stimmte. Die Affäre meiner Mutter mit meinem Vater war ihr nicht verborgen geblieben. Es gab damals eine Ehekrise, aber am Ende entschieden sie sich zusammen zu bleiben.

Inzwischen waren zwanzig Jahre vergangen, sie hatten ein gemeinsames Geschäft aufgebaut, eine Computerfirma, und die Ehe war in all diesen Jahren gut gewesen, warum also sollte das jetzt ein Problem sein?

Ich bekam kurz danach einen Anruf von meinem Vater mit der Aufforderung, so bald wie möglich nach Deutschland zu kommen. Ich flog an einem Wochenende von Paris nach Stuttgart, und mein Vater holte mich dort am Flughafen ab. Wir sahen uns von weitem und wussten beide sofort, dass alles wahr war. Mein Vater sagte nur: " Bist du Isis?" Beide bemerkten sofort, dass da eine Verbindung war. Wir fuhren zu ihm nach Hause, wobei er sich während der Heimfahrt ziemlich verfahren hat (wohl wegen der ganzen Aufregung). Dort angekommen, wartete seine Frau oben an der Treppe auf uns. Sie nahm mich in die Arme, es war ein sehr bewegender Moment. Ich hatte das Gefühl, jetzt bin ich endlich nach Hause gekommen! Fortan nannte ich sie "Mutti", denn meine Mama wird doch immer meine Mama bleiben, auch wenn sie nicht mehr lebt.

Wir erzählten den ganzen Abend, auch wurden Fotos ausgetauscht und wir stellten fest, dass uns trotz allem ein ganzes Stück "gemeinsames" Leben fehlt. Ich erfuhr, dass ich zwei Halbgeschwister habe, welche älter sind als ich. Ich lernte meine Schwester Mona und ihre Familie am nächsten Tag kennen, wir machten einen Besuch dort. Monas beide Kinder hatten auch kein Problem damit, eine neue „Tante“ zu haben. Meinen Bruder Achmed lernte ich dann an Weihnachten kennen. Da feierten wir alle zusammen, auch seine Frau und Kinder und mein Mann Omar waren dabei. Kurz danach habe ich bei jedem der Geschwister einige Wochen oder Monate verbracht, ein Praktikum absolviert, unter anderem auch, um mein Deutsch zu verbessern.

Meine Eltern (Papa und Mutti) waren damals geschäftlich viel in den USA und ich habe sie im nächsten Jahr dort besucht. Wir reisten drei Wochen zusammen und da haben wir uns erst richtig kennen gelernt. Mutti sagt, ich habe sehr viel von meinem Vater.

Ja, die Sache mit der Sprache ist bei uns noch mal etwas komplizierter als bei anderen Familien. Damals sprach ich Deutsch oder Englisch mit meinem Vater und mit Mutti, mit meinem Mann Französisch, welcher Arabisch mit meinem Vater spricht. Arabisch habe ich als Kind nicht gelernt, wie denn auch? Inzwischen hatte ich mein Studium beendet und bei einer großen internationalen Firma zu arbeiten begonnen. Zunächst wurde ich noch zwei Jahre intern ausgebildet und jetzt bin ich im Vertrieb von Energieverträgen tätig. Durch meinen Mann habe ich etwas Arabisch gelernt. Jetzt lebe ich mit meinem Mann und unseren zwei Kindern in Casablanca (Marokko). Bei meiner Arbeitsstelle wird meistens in Englisch oder Französisch kommuniziert, je nachdem, mit welchem Land ich zu tun habe. Mit den Kindern spreche ich Französisch, Omar spricht mit ihnen Arabisch. Ihre Großmutter in Marokko spricht Berbersprache mit ihnen und im Fernsehen schauen sie englische, deutsche oder französische Cartoons. Unsere Familie wird wohl, so schaut es zumindest aus, mehrsprachig bleiben.

Alles zusammen, Familie und Arbeit, ist sehr anstrengend, da ich auch oft geschäftlich unterwegs bin. Aber wir kommen trotzdem mindestens einmal im Jahr nach Europa und besuchen unsere Freunde in Frankreich und natürlich meine Familie in Deutschland.

Ich persönlich fühle sehr stark beide Seiten meiner Herkunft in mir. Natürlich bin ich Französin mit allen Aspekten der Kultur. Ich mag französische Bücher, Lyrik, den französischen Stil, das Essen, die Landschaft. Ich sage auch immer: Paris ist die schönste Stadt der Welt, wie ein richtiger französischer Chauvinist. Ich würde nie ein anderes Brot als Baguette bevorzugen. Ich bin Französin und Europäerin. Ich mag Frankreich als Teil von Europa, ich fühle mich 100 % europäisch.

Allerdings sind meine Haare lockig, fast kraus, meine Augen sind dunkel und mein zweiter Vorname kommt aus der ägyptischen Mythologie. Meine Statur ist wie bei den alten Ägyptern, kurz und kräftig. In einer Weise fühle ich mich verbunden mit der ägyptischen Welt, vielleicht nicht unbedingt auf eine materielle Art und Weise, sondern eher spirituell. Dies wird durch meine Statur auch verstärkt und erinnert mich daran, dass ich eben auch Ägypterin bin und darauf bin ich sehr stolz.

Immer wenn ich im Rahmen meiner Arbeit mit Ägyptern zu tun habe, warte ich schon ungeduldig auf den speziellen Moment zu erwähnen: "Wissen Sie, mein Vater ist Ägypter! Ich bin Ägypterin, wie Sie." In diesem Moment fühle ich wie sich die Verbindung zu der Person vor mir ändert, als wenn wir plötzlich beide zur gleichen Familie gehören! Das ist ein sehr starkes und angenehmes Gefühl.

Religion hat für mich zunächst keine große Rolle gespielt. Meine Großmutter und meine Mutter waren katholisch. Als ich klein war, nahmen meine Mutter und ich manchmal den Zug vom Bahnhof St. Lazare nach Fontainebleau, um meine Großmutter zu besuchen. Sie war eine sehr freundliche Person, lächelte meistens, war oft verträumt, aber auch voller Humor. In ihrer Anwesenheit hatte ich immer das Gefühl von Liebe, Glück und Frieden. Das war etwas ganz Besonderes, etwas, dass man nur fühlen konnte. Schon sehr jung verstand ich, dass sie an etwas glaubte, durch das sie ruhig, voller Vertrauen und glücklich war. Zu der Zeit war mir nicht ganz klar, ob es ihr Glaube an Gott war, ihre Religion oder sonst irgendetwas. Aber ich spürte, dass etwas in ihr war, das ihr diese Sicherheit gab.

Meine Mutter hat mit mir einmal über Religion gesprochen. Wir saßen auf der Terrasse des Restaurants als ich sie fragte: "Glaubst du an Gott? " Da erklärte sie mir, dass sie an eine Art "übernatürliche Kraft" glaubt. Sie erklärte mir, dass es verschiedene Religionen auf der Welt gibt: Den Islam, das Christentum, das Judentum Buddhismus und noch andere Religionen. Zu diesem Zeitpunkt war ich erst acht Jahre alt und sie fragte mich, ob ich eine Religion wählen wolle. Ich konnte natürlich darauf nicht antworten, ich kannte weder die eine noch die andere Religion. Ich lebte „ohne Glauben“ bis meine Mutter verstarb. Kurz bevor sie starb, war ich bei ihr im

Krankenhaus in dem kleinen Zimmer und fing an mit Gott zu sprechen: "Bitte Gott, mach sie wieder gesund, ich möchte meine Mutter behalten!:" Aber Gott erfüllte meinen Wunsch nicht, und sie starb kurze Zeit später. Als ich erfuhr, dass sie nie zurückkommen würde, schaute ich zum Himmel auf und fragte diesen Gott: „Warum? Warum sie? Warum ich?“ und begann zu weinen. Diese Trauerphase des Weinens dauerte mehrere Tage, ja sogar bis heute weine ich innerlich um sie. Aber jetzt bin ich davon überzeugt, dass ihr Tod mich beschützt hat, vielleicht war er notwendig und richtig für mich.

Meine nächste Erfahrung mit Religion (und das ist diejenige, die ich jetzt habe) kam durch meinen Mann. Er ist Marokkaner und Moslem. Seine Eltern sind Moslems und er liebt seine Religion. Ich bin aber ganz anders, ich bin nicht so aufgewachsen, ich muss Bücher lesen, mir eine eigene Meinung bilden und dann werde ich wählen, an was ich glaube. Es wird irgendwann der Tag kommen, wo ich auf diesen Weg gelangen werde.

Ich wünsche mir, dass meine Kinder religiös aufwachsen. Sie sollen an Gott glauben und ihre Religion ausüben. Ich denke, dass der Mensch Grenzen braucht, und die Religion bringt ganz unmissverständlich einen guten Rahmen dafür mit in unser Leben.

Ich denke, dass Kinder aus „gemischten“ Familien einen großen Vorteil gegenüber den Kindern aus „normalen“ Familien haben, da die Kinder automatisch verstehen, dass es verschiedene Kulturen, respektive Glaubensrichtungen gibt, die alle zu unserem Leben beitragen können. Dies sind Dinge, so meine Ansicht, welche man nur sehr schwer erklären kann.

Ich bin stolz auf meine Stärke und was ich im Beruf und in der Familie leiste. Das alles kommt aus meinem vorherigen Leben. Meine Stärke ist aus meinen Erfahrungen und Schmerzen erwachsen.

Mit Diskriminierung habe ich kaum Erfahrung, doch mein Mann mit seinen schwarzen Augen und Haaren, seinem marokkanischen/arabischen Gesicht, wurde in Frankreich oft diskriminiert. Und wenn man neben jemandem sitzt, der diskriminiert wird und es ist auch noch dein Mann, dann ist das genauso schlimm, als wenn man selbst diskriminiert würde. Einmal wollten wir in der Pariser Metro einen Zug nehmen und wurden prompt von einigen Polizisten inspiziert, weil wir sie angeschaut hatten und ihnen wohl das Aussehen meines Mannes verdächtigt vorkam und sie das Gefühl hatten, wir hätten etwas gestohlen. Dies passierte inmitten der Menschenmenge; wir waren die einzigen, welche sie kontrollierten, einfach aufgrund des Faktes, dass wir für sie wohl suspekt ausgesehen hatten und ein für die Polizisten verdächtiger Blickkontakt stattgefunden hatte. Ich fragte die Polizisten, warum sie uns denn kontrollierten. Die Antwort lautete: "Wir kontrollieren wegen der Kriterien der Republik! " Welche Republik soll das bitte sein? Wo sind unsere Werte wie Freiheit, Gleichheit, Brüderlichkeit? Seit den letzten Bombenattacken in Frankreich durch den Islamischen Staat wird das immer schlimmer. Die Menschen schauen uns an, als ob wir gleich selbst explodieren würden. Sie denken sicher nicht, dass wir genau so viel Angst hast haben könnten, und sicherlich auch nicht, dies glaube ich zumindest, dass nicht jeder Araber oder Moslem ein Terrorrist ist, der sich gleich selbst in die Luft sprengen möchte.

Bei der Wahl meines Ehepartners war ich nicht beeinflusst durch meine Herkunft. Zu diesem Zeitpunkt hatte ich meinen Vater ja noch nicht gefunden. Ich möchte damit sagen, dass ich meine Wurzeln noch nicht kannte, mich aber sicherlich zu jenen hingezogen fühlte. Vielleicht ist dies eine Art „Zufall", der mich näher zum Islam und der arabischen Sprache bringen sollte?!

Anderen Menschen, die in der gleichen Situation sind wie ich, die auch „gemischter" Herkunft sind, kann ich nur Folgendes raten: „Glaube an dich selbst und daran, wer du bist. Deine Vergangenheit und deine Herkunft sind deine Stärke, auch für dein künftiges Leben. Genieße dein Leben, sei einfach glücklich darüber, dass du am Leben bist und genieße es in vollen Zügen, denn du weißt nie, was der nächste Tag bringen wird „

Aufmerksamen Lesern, die auch mein erstes Buch („Mein Mann ist Ägypter") gelesen haben, wird diese Geschichte bekannt vorkommen. Es ist die Geschichte von Isis, die wir 2002 als Tochter in unsere Familie aufgenommen haben. Isis hat die Geschichte in Englisch geschrieben und ich habe sie übersetzt und mit ihr zusammen ergänzt. Einiges war auch für mich noch neu und ich finde es gut, dass sie das aufgeschrieben hat!

Nachwort

Was kann man aus allen diesen Geschichten herauslesen?

Für mich ist das Wichtigste: dass viele es bedauern, dass der ägyptische Vater seinen Kindern nicht die Sprache, die Kultur und die Religion vermittelt hat. Es ist bestimmt schwer das im fremden Land durchzuführen. Manche haben es fertig gebracht, aber leider nicht alle. Vielleicht kann dieses Buch die jungen Familien dazu anregen ihren Kindern beide Kulturen zu vermitteln.

Was ich sehr traurig finde sind die Vorurteile und Diskriminierungen, die fast alle erlebt haben. Da hat sich leider seit den sechziger Jahren bis heute nichts verbessert, es ist eher noch schlimmer geworden. Aber trotzdem bedauert niemand, dass er/sie mit zwei Kulturen aufgewachsen ist. Alle sind irgendwie stolz auf ihre Herkunft, obwohl sie ja eigentlich nichts dazu können.

Aber das Gefühl in zwei Kulturen zu Hause zu sein ist stark vorhanden und sie empfinden, dass sie zwei Sichtweisen (eine sagt „zwei Blutgruppen") haben und dadurch in größeren Dimensionen denken können!

Viele Töchter aus diesen Familien haben wieder einen Ägypter geheiratet, denn es ist leichter „einem Ägypter die europäische Seite zu erklären als umgekehrt". Das gibt mir zu denken, sind die Ägypter toleranter als die Deutschen, Österreicher oder Schweizer? Das scheint so zu sein..

Darüber können wir mal nachdenken. Wie ist es denn mit unserer „Multikulti" Gesellschaft bestellt. Wer von den Deutschen (Österreicher, Schweizern) hat eigentlich Freundschaften mit „Ausländern". Ich habe gerade in letzter Zeit festgestellt, dass viele sich in die Arbeit mit Flüchtlingen einbringen, aber die Mehrheit macht leider einen großen Bogen um diese Menschen.

Ich selbst habe durch diese Geschichten einiges gelernt, obwohl ich schon seit 51 Jahren mit meinem ägyptischen Mann verheiratet bin. Ich habe Menschen kennen gelernt, die mein Leben bereichern. Bei allen möchte ich mich sehr herzlich bedanken! Ihr habt mir freimütig eure Geschichten erzählt und für mich war das eine schöne Erfahrung!

Annelies Ismail   Luxor, Februar 2017

Über die Autorin

Annelies Ismail arbeitete über 40 Jahre in der EDV Branche. Sie ist seit 1965 verheiratet mit Dr. Abdelmoniem Ismail. (geboren und aufgewachsen in Kairo, Ägypten) und hat drei erwachsene Kinder. Nach Aufenthalten in Deutschland, USA und Frankreich lebt sie seit 2005 mit ihrem Mann in Ägypten.

Die Begegnung mit anderen bikulturellen Paaren war der Anlass zu ihrem ersten Buch :

„Mein Mann ist Ägypter" 15 Frauen erzählen ihre Geschichte

Andere Bücher von Annelies Ismail:

„Von hier bis Alexandria" Eine Familiengeschichte nach Erinnerungen der Marie-Luise Nagel

„Mein Ägypter ist anders" Besondere Paare von heute

„Das Rad schläft" Geschichten aus Ägypten, aufgeschrieben von Anita Wasfy, Herausgeberin Annelies Ismail

22496513R00113

Printed in Poland
by Amazon Fulfillment
Poland Sp. z o.o., Wrocław